这样表达，一开口就让人信服

郎梦蝶◎著

ZHEYANG BIAODA, YIKAIKOU JIURANGREN XINFU

广东旅游出版社
GUANGDONG TRAVEL & TOURISM PRESS
悦读书·悦旅行·悦享人生

中国·广州

图书在版编目（CIP）数据

这样表达，一开口就让人信服 / 郎梦蝶著. — 广州：广东旅游出版社，
2019.5（2024.8重印）

ISBN 978-7-5570-1639-5

Ⅰ.①这… Ⅱ.①郎… Ⅲ.①语言艺术 – 通俗读物 Ⅳ.①H019-49

中国版本图书馆CIP数据核字（2018）第300058号

....

这样表达，一开口就让人信服

ZHE YANG BIAO DA，YI KAI KOU JIU RANG REN XIN FU

出 版 人	刘志松
责任编辑	何　方
责任技编	冼志良
责任校对	李瑞苑

广东旅游出版社出版发行

地　　址	广东省广州市荔湾区沙面北街71号首、二层
邮　　编	510130
电　　话	020-87347732（总编室）　020-87348887（销售热线）
投稿邮箱	2026542779@qq.com
印　　刷	三河市腾飞印务有限公司
	（地址：三河市黄土庄镇小石庄村）
开　　本	710毫米×1000毫米 1/16
印　　张	14
字　　数	168千
版　　次	2019年5月第1版
印　　次	2024年8月第2次印刷
定　　价	58.00元

- -

本书若有倒装、缺页影响阅读，请与承印厂联系调换，联系电话 0316-3153358

序　言

　　不知道大家在生活中是否注意过这样的现象：同样的一件事情，有的人能顺利地完成任务，而有的人却无法做到，这其中的差别往往不在于这两种人的能力差异上，而在于他们是否能准确、清楚地向他人表达自己的想法。有一些人默默地在自己的岗位上辛勤耕耘，他们像老黄牛一样，任劳任怨，最后的结果却差强人意；而有的人不但会办事，而且也会说话，所以他们步步高升。古代有因为不会说话而得罪皇上的人，现代有因为不善言辞而影响同事关系的，由此可见，通常情况下会说话的人往往更容易与人相处，也更容易走向成功。

　　会说话的人，无论是在职场生涯中，还是在与人交往过程中，又或者是家庭生活中，都能把事情处理得井井有条，无论遇到什么困难，他们总是能游刃有余地处理好这些事情，不但锻炼了自己的能力，而且也使得自己的幸福满意度不断提高。一个性格开朗，与人为善的人，往往是健谈的人，他们自身也拥有良好的语言表达能力。

　　上网查阅资料就能很明显地发现，网上关于教人表达的文章非常多，也从另一方面印证了语言表达对我们的巨大影响。我们已经了解了它的作用，那么接下来要做的就是掌握这一能力。事实上，除了一小部分天生语言表达存在困难的人以外，我们每个人都拥有这一能力，但人之所以存在如此大的差别，就是因为有的人把这种能力发挥得淋漓尽致，而有的人却让它埋没了。

说话多就是语言表达能力好吗？自己占了理就可以咄咄逼人了吗？不顾他人意愿，自说自话就是对的吗？当然不是！说话是一门深奥的艺术，有的人有良好天赋，所以学习起来很迅速；而有的人属于大器晚成的一种，但不管是哪一种人，我们都需要好好运用，才能将其作用发挥到极致。

本书就如何表达这一方面，通过生活中的一些常见事例做出分析，进而带给大家一些启示，另外还有一些小秘籍可供大家参考，只要能够多加练习，勤于思考，必定会受益匪浅。也希望通过这本书，能让大家对说话有一个深刻的认识，明白如何正确而有效地向他人表达自己的所思所想，相信会在生活和工作上给予一些帮助。

第 1 章　真诚：打动人心的试金石　　　001

当我们与他人交往的过程中，有一个关键的要素就是真诚，英国的乔叟有这样一句名言："真诚才是人生最高的美德"，真诚对我们每个人而言都是非常重要的。待人真诚，方能获得他人信任；说话真诚，可以让我们立于不败之地。

怎么说话更动听　　　　　　　　　　　　　003

想表达自己，就应当好好说话　　　　　　　007

不懂不要装懂　　　　　　　　　　　　　　011

放慢语速，表达清楚　　　　　　　　　　　015

第一时间记住别人的名字　　　　　　　　　019

第 2 章　赞美：人际交往中的润滑剂　　　023

正如万物的生长离不开阳光的照射，人们的成功同样离不开他人的赞美，赞美对人而言也是相当重要的。我们赞美他人，能给他人以鼓励；他人赞美我们，能让我们的关系更加亲密，因此，人人都需要赞美。当我们在与人交往的过程中，适当地运用赞美，可以让人际关系更为和谐。

赞美不等于恭维　　　　　　　　　　　　　　025

洞悉人心，学会赞美　　　　　　　　　　　　029

另一种形式的赞美　　　　　　　　　　　　　033

重要的不是怎么赞美，而是赞美什么　　　　　037

不同的人如何选择不同的赞美词　　　　　　　041

对症下药，方能药到病除　　　　　　　　　　045

第 3 章　批评：春风化雨，悄无声息改变人　　049

提起批评，很多人都会在心里贴上一个"不好"的标签，因为批评给人的感觉就是不舒服的，没有人愿意被他人批评。成长过程中我们难免被人批评，也会批评别人，但是当我们掌握了一些技巧，就可以让批评变得容易接受。

让别人接受批评并不难　　　　　　　　　　　051

分清对象，学会批评　　　　　　　　　　　　055

忠言不一定要逆耳　　　　　　　　　　　　　059

分清场合，维护他人尊严　　　　　　　　　　063

迂回之术，曲线救国　　　　　　　　　　　　067

第 4 章　拒绝：抗拒，就是这么简单　　071

当我们有求于人的时候，不一定每一次都换来别人的同意，同样的，当别人需要我们帮忙时，我们也不见得都能做到。面对这些情况，我们就被别人拒绝或是需要拒绝别人了。拒绝虽然容易让人心生不快，但是我们也可以让人不尴尬。

拒绝也可以不失礼　　　　　　　　　　　073

想说"不"的时候如何说出口　　　　　　077

拒绝前多想想，拒绝后不要想太多　　　　081

这样做，不得罪别人，也不委屈自己　　　085

拒绝四要素　　　　　　　　　　　　　　089

拖泥带水，只会让事情变复杂　　　　　　093

找到强有力的理由　　　　　　　　　　　097

第 5 章　幽默：机智新技能，专治各种不服 101

遇到尴尬的情形时，我们该怎么做？碰到恶语相向的人，我们应如何应对？生活中总是有无数的意外，面对这些意外，我们应该学会巧用幽默，这样既能让自己"化险为夷"，而且还能增添自己的个人魅力，何乐而不为呢？

巧妙自嘲，化解尴尬　　　　　　　　　　103

顺水推舟，让结果出乎意料　　　　　　　106

诙谐夸张，传达真实想法　　　　　　　　110

严肃的建议幽默地提　　　　　　　　　　113

如何用幽默化解敌意　　　　　　　　　　115

正话反说的艺术　　　　　　　　　　　　119

偷换概念，就地反击　　　　　　　　　　123

第 **6** 章 暗示：换一种方式去表达 127

有时我们在向他人开口的时候，由于某种原因，无法直接表达自己的想法，这时候就需要我们学会换一种方式来说明，例如借物喻人，这样既不会伤了双方的和气，而且还能有效地表达自己的想法，可以称得上是一举两得了。

怎么对别人进行暗示   129

避开锋芒，侧面进攻   133

少用否定词，塑造正面印象   137

肢体语言表真心   141

积极暗示力量大   145

第 **7** 章 说服：心服口服的说话之道 149

对同一件事而言，每个人都有自己的想法，因此我们想说服他人改变想法，并不是一件容易的事情，但不容易并不代表不可能，只要认真观察、多一些思考，就能找到合适的方法，否则就达不到我们想要的结果。

以退为进创机会   151

找准突破口让人信服   155

巧寻共同点赢得好感   159

抓住要害下猛药   163

说服也要分步骤   167

第 8 章　倾听：人际交往的重要部分 171

我们承认表达对于自身的重要性，但并不意味着别的事情就不重要了，比如说倾听。一般而言，会说话的人是受欢迎的，但是如果一个人为了炫耀而说话，不顾别人的意愿，自说自话，那么他只会给人留下负面的印象，所以我们不但要会说，还要会听。

学会倾听很重要　　　　　　　　　　　　　　173

专注而不是选择性倾听　　　　　　　　　　　177

成为倾听高手的秘诀　　　　　　　　　　　　181

对谈话表达兴趣　　　　　　　　　　　　　　185

会听才会说　　　　　　　　　　　　　　　　189

第 9 章　和气：不只是生财之道 193

"和气"是国人的一种处事方式。一个人有和气的态度，不管在待人接物还是为人处世方面都能与人友好相处。反之，如果事事斤斤计较，不懂得宽容待人，是不会有任何作为的，这类人的人生也必定布满荆棘。

不揭人短处，是基本素养　　　　　　　　　　195

说对不起就能解决问题　　　　　　　　　　　199

退一步海阔天空　　　　　　　　　　　　　　203

不要"仗理欺人"　　　　　　　　　　　　　207

不争，不代表我们错了　　　　　　　　　　　211

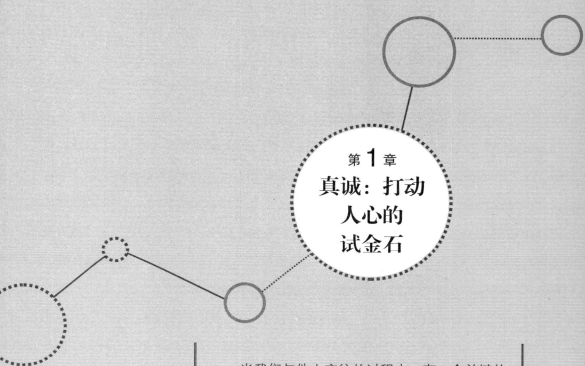

第1章
真诚：打动人心的试金石

当我们与他人交往的过程中，有一个关键的要素就是真诚，英国的乔叟有这样一句名言："真诚才是人生最高的美德"，真诚对我们每个人而言都是非常重要的。待人真诚，方能获得他人信任；说话真诚，可以让我们立于不败之地。

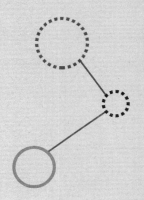

·怎么说话更动听·

中国和外国不管是在风俗习惯还是在教育问题上，都存在着巨大的差异，外国人心里怎么想就怎么说，而中国人往往比较含蓄，有一些话不会直接说，比如古人的表达方式就是借景抒情、托物言志，我们当代人也会用一些技巧来表达自己。但不管是中国人还是外国人，我们说话都是为了让别人理解，一个会说话的人，走到哪里都会受欢迎，那么如何做一个会说话的人呢？

一架飞机在飞行途中，因为遭遇天气突变，不得不紧急迫降，不幸的是他们降落在一片沙漠中。虽然飞机上的几名人员并未死亡，但是飞机已经被损毁得非常严重，而且通信设备也坏了，也就是说飞机上仅存的粮食是这些人赖以生存的唯一东西，而面对这样的困境，每个人都迫切地想要活下去，眼看形势已经非常严峻了，有一位乘客忽然说自己是飞机设计师，让大家不要慌张，他有办法把飞机修好，听了这话的大家仿佛吃了定心丸，他们把仅剩的食物平均分，然后每个人都省着吃，在设计师的指挥下，他们觉得自己还是能活下去的，他们一定会把飞机修好的。虽然十几天过去了，飞机没有修好，但是有一队途经沙漠的商人恰好遇到他们，于是他们得以重返陆地。过了几天大家才知道，那个声称自己是飞机设计师的人，不过是一位小学教师罢了，他根本不了解飞机！虽然小学教师说谎了，但是在当时的情况下，他也是不得已而为之，如果他没有那么说，飞机上的人就很有可能会为了仅存的干粮而争个你死我活。教师没有说实话，但他说的话救了所有人的命，避免了一场斗争，当时的那些话，对幸存的人来说，就是一个希望，倘若没有了这个期望，他们也不会活着被人救出沙漠。我们喜欢和真诚的人交朋友，讨厌虚伪的人，也不喜欢被人骗，但是在一些时候，我们说了谎话，并不是因为我们不真诚，而是形势所迫，而且最终的结果是好的，那么这时候我们可以这么做。

北宋时有两位大官，一位叫寇准是宰相，另一位叫张咏是礼部尚书。由于两人都身负重任，所以为了帮皇上治理好天下，必然要不断完善自己，寇准有一个弱点，那就是他的学问不够，张咏便决定帮助自己的老友克服它。恰有一次，两个人都因为有事去了陕西，两个人都很开心。两个人边喝酒边聊天，最后分别的时候，寇准问张咏有没有什么要指点他的。张咏刚想说要他多读点书，但是他没有直接说，因为寇准现在的身份，仅次于皇上，而自己和他相比，存在很大差别，所以这么说显然不合适。张咏微微沉思告诉寇准，一定要读一读《霍光传》，说完就离开了。寇准当时并没有明白张咏的意思，但他回到家后还是找出了这本书，开始阅读。他的目光被"光不学无术，谋于大理"所吸引了，忽然茅塞顿开，明白了这就是老友给自己的指点吧。仔细想想，寇准其实和霍光在某方面是有共同点的，张咏说的话就是委婉的表示寇准学问上不太高，多读书能明事理，发挥出自己最大的能力。张咏如果直接告诉寇准："老兄你学问这方面不高，需要弥补，多读书吧！"先不说寇准能否不介意，这些话如果被人听到了，那么寇准这个丞相一定会被人嘲笑：堂堂宰相，一人之下，万人之上，居然连学问都做不好。可见给人建议，想要别人接受的时候，怎么说话也非常关键，巧妙的表达，既让对方明白了自己要说的话，也不会让别人处于一种尴尬的境地，这样说话就变得更容易被人接受，可谓是一举两得了。

雨果和巴尔扎克都是法国文学史上的作家，并且两个人还是关系很好的朋友。某次雨果邀请巴尔扎克到自己家做客，巴尔扎克被雨果家不凡的装潢所吸引，他在雨果家里欣赏着这一切。在参观到书房的时候，他没注意桌子上的一个笔筒，路过的时候被他碰掉了，看着地上已经毁得不成样的笔筒，巴尔扎克十分羞愧，因为他知道雨果可是十分珍视这个笔筒的，一时有些不知所措，他告诉了雨果这件事，然后一直向他道歉，没想到雨果不但没生气，反正笑着跟他说，这个笔筒不过是个赝品罢了，就算巴尔扎克没碰掉它，他也准备扔了它的。

听了雨果的解释，巴尔扎克的心里才稍稍安慰了一些，在他走后，雨果把笔筒的"尸体"捡了起来，然后收起来了。原来这个笔筒并非雨果口中的赝品，而是一件真品，但是雨果向巴尔扎克隐瞒了这一事实。这个时候，雨果也没有实话实说，究其原因，就在于雨果很清楚，这个笔筒虽然重要，但是再重要也没有两个人之间的友情来得珍贵。倘若雨果当时就告诉巴尔扎克这个笔筒的价值，那么巴尔扎克心里一定会非常自责，他也找不到一模一样的笔筒了，这势必会影响到两个人的关系，即便雨果不在意，但巴尔扎克也不会原谅自己。笔筒坏了已经成为事实，再追究责任，只会让两个人之间产生嫌隙，所以还不如说一些善意的谎言，让这件事到此为止。

我们要做一个真诚的人，但是不代表我们要始终说实话，当然，这不是说我们鼓励说谎话，只是在某些时刻，说一些"善意的谎言"，最后的结果会比说实话好得多。我们说实话心里不会难受，但是说谎话就会，因为我们觉得自己是个没有诚信的人，欺骗别人的滋味很难受，所以不到迫不得已的时候，我们还是尽量少说谎话。即便是善意的谎话，也属于谎话，因为说了一个谎言，就要说更多的谎言来圆谎，可能我们的本意是为了别人着想，但最后却害了别人，那我们的良心一辈子都会过意不去的。

所以实话有的时候需要我们实说，而有的时候则不需要，具体什么时候说什么样的话，我们都会在成长的过程中慢慢学习到。在这一过程中，我们可能会出错，可是"人非圣贤，孰能无过"，只要我们及时改正自己的错误，并且吸取经验教训，那么我们就能大大增加和别人友好相处的概率，如此才能更好地表达自己，取得成功。

表达秘籍

1. 在一些时候可以不直接说。说话的时候，不见得一定要直接说，我们也可以委婉地表达，只要能让对方明白我们的意思就可以，这样不仅不会让对方难堪，也达到了想要的目的，何乐而不为？

2. 善意的谎言也要分人。有一种人十分讨厌谎言，在他们看来，宁可要难听的真话，也绝不听善意的谎言，遇见这样的人，我们就应当注意，不可在明知他最受不得欺骗的情况下，仍然说一些谎言，即便出发点是好的也是不正确的，对方会因此觉得我们是不真诚的人。

3. 善意的谎言不是为了自己。我们说善意的谎言是为了别人能过得好，如果说谎是从自己的角度出发，或是以伤害他人为目的的，那么这种谎言就不是善意的谎言，谎言被拆穿的那天，这个人也许就成了众矢之的。

4. 实话实说也要注意场合。有一个说话诚实的人，他去参加老人的寿宴，别人送的祝福语都是"寿比南山""永享天伦"这样的话，他老老实实地说了句："要是祝福语有用，大家都长命百岁了"，虽说这话是实话，大家心里也清楚，但是在老人的宴会上说这样的话，也实在是太不讨喜了。

·想表达自己，就应当好好说话·

有一个事实我们必须承认：在和他人进行交流的时候，如果一方态度不友好，那么这次的交流很可能会以失败告终，不管这个人口才有多好，结果都是一样的。我们常说第一印象非常重要，见面时两个人的交谈，在很大程度上决定了这两个人是否会有再一次的会面。在这里，最重要的倒不是对方有多么能言善辩，而是态度问题。

不管是在生活中还是在电视剧里，我们都能看到这样一种经常发生的情况：当一个人对他人有一个良好的态度时，他往往更容易获得成功；当一个人和他人交流时态度不好，那么本来没多大的事，也许会闹到让大家都不愉快的地步。

不论是我们与他人交往过程中，还是交朋友的时候，都免不了出现摩擦。当出了问题时，人的情绪会达到某一个值，有的人就管不住自己，像个小炮仗一样，见谁炸谁，其实仔细想想，这原本没有多大的事。出了问题很正常，我们要做的是想办法解决，糟糕的情绪会让人有不理智的大脑，容易让自己说话语气变得不客气，让对方难以接受，我们让对方不好受了，对方自然也不会给我们好脸色，这样就会使原本一点点小事演变成大的矛盾，甚至是无法挽救的悲剧。

做生意的人常常会说这样一句话："和气生财"，和气就是客气，这是一种大智慧。如果认真去观察，就会发现事情都会迎刃而解。尤其生气的时候，比如两个人吵架，说话声音大的，不一定有理，反观另一个气定神闲的人，什么都不做对方就失去理智，大叫大嚷，至于他说了什么，已经没人在意。

生活中这样的事也非常常见，比如说一个人去银行办事。因为排队等待的时间很长，所以心情有些烦躁，终于轮到他的时候，向工作人员说明之后，工作人员说了句话，他没听清又问了一遍，谁知对方脸色变了，态度也不友好了。这个人也很生气，自己是来办事的，又不是来受气的，看到对方这样子，自己也不高兴，说话时语气就变冲了，两个人甚至还可能因此引发更大的矛盾。

在一个红绿灯路口，正值上班高峰期，漫长的红灯让人心生焦躁，好不容易变为绿灯了，司机们纷纷驱车前行，到了一个转弯路口，恰好有一辆电动车正要外出，司机连忙避让，但电动车主还是倒在了地上。司机连忙下车查看，电动车主不高兴地说："你是怎么开车的，长没长眼睛啊？"司机没有多说什么，急切地把对方扶起，并询问对方有没有事，如果有事要送他去医院，电动车司机听到这么真诚的话，见司机态度也很好，而且自己也没有什么事，就摆了摆手说："我也没事，这事就算了，以后开车注意点就好。"司机再次道歉，电动车主也不好意思了，他知道自己刚才态度也不好，说话不饶人，于是也向对方表示了歉意，两个人笑了笑然后分别了。

上面两个故事，在我们的生活中比比皆是，原本一句道歉的话，就能轻易解决的事情，最后却闹到了不可收拾的地步，实在是有些不值得。别人做错了事，我们有理，但不要得理不饶人，只要对方能承认错误，这事就结束了。有理还让三分，能让别人感受到你的宽广胸怀，一个有气度的人不会揪住别人的错误不放，这样做只会让人心生厌恶；假如是我们不对就应该真诚地向对方道歉，用好的态度道歉，相信对方也不会再斤斤计较、喋喋不休了。即便是道歉的话，我们也要注意自己说话的态度，要让对方感受到我们的诚意，而不是让对方觉得自己口服心不服，这样只会让事情变得更糟糕。如果在出现矛盾的时候，矛盾双方都愿意好好地说话，而不是争得脸红脖子粗，很多事情都是可以避免的，相视一笑，可以海阔天空，只顾自己不但伤害了他人，也会让自己的心情受到影响，久而久之会失去很多东西。

这就是语言的魅力，同样的文字，有人说的话让人听了会觉得很受用；而有的人说则会让人很反感，这里面的差别就在于我们用哪种态度去表达。仔细想想，不论是在工作或是生活中，我们总会遇到各种不顺心的事，但这里面的一大部分不顺心，都是可以避免的，只要我们与人交流的过程中，注意自己的态度，用积极的、和善的语气向对方表达自己，对方一定能感受到我们的真诚和热情。你对待工作热情，老板能感受到，也会给你机会表现自己；你对朋友友好，他们也会友好地对待你。遇事冷静一下，别让情绪占了上风，一味地和别人争执，先不说最后的结果，单单是这中间浪费的时间，就能去做许多事，所以真的没必要浪费时间。另外，即便是最后你吵赢了也没什么值得高兴的，因为没有人会给你发奖，反而会让人与人之间的感情出现裂缝，没有一点好处。所以表达自己的时候，少带一些不良的情绪，多一些正能量的态度，当你这么做的时候，你就赢了。将心比心，把自己置于对方的角度考虑问题，就会发现冲突是没有意义的，争吵谁都能做到，难的是避免争吵、先说"对不起"。太过刚强的人，身边不会有真心朋友，因为不知道什么时候，这个人就说出伤人的话，给人造成伤害了。想拥有和谐的人际关系，就要注意自己说话的态度，始终谨记：别人不欠我们，而且不要把话说得太难听，如果不是重大的问题，例如原则问题，那就不必死不放手，态度好一点，就会海阔天空。

人们说话是为了沟通、交流思想，所以我们说的话，应该是让别人理解我们的意思。而当我们听到了不同态度说出的话，心里的感受一定是不相同的，别人态度温和地说话，我们会有如沐春风的感觉；别人态度恶劣地说话，我们会愤愤不平。两者相比，我们做事的时候效率一定是不同的，想要别人认真地完成一件事，那就用平易近人的态度说出来，切不可盛气凌人，否则别人就算是做了事，也绝对是敷衍了事，不会用心做的。这一点不仅体现在求人办事上，也体现在让别人办事上，这是一样的道理，只有知道了这个道理，才能更好地运用它。

其实很多事情，都没有那么复杂。我们之所以没有办成，也许很大的原因就在于我们对他人的态度上。一个对他人态度友好的人，更容易让人有亲近感，同样的一句话，你和颜悦色地对别人说，和怒气冲冲地对别人说，给人的感觉一定是不同的。尤其是对第一次见面的人，想给别人留下一个好的印象，就一定要有一个良好的态度，否则即便你再能说会道，别人也不一定愿意再和你交流下去了。给他人一个好的态度，别人会还以微笑，会心甘情愿地做某件事。想要更多的朋友吗？想要赢得成功吗？那就好好地和别人说话吧，让他们被你吸引、为你做事，这不是那么容易，但是一旦你做到了，你就成功了。

表达秘籍

1.调整心态。自己心情不好的时候，可以适当地自我发泄：长跑、大哭、找朋友倾诉。但要记得，这个时候并不适合做一些重要决定或是求别人帮忙，在调整好自己的状态后再去做这些事。

2.不管和自己正在交谈的人是谁，都要注意自己的态度。态度敷衍的人给别人的感觉就是：这个人并不想和我多说什么，那我跟他也没什么好说的了。事情就是这样被搞砸的。

3.注意说话语调。和别人约好的聚会，对方迟到了，简简单单的一句："怎么现在才来？"由于语调不同，就足以派生出至少3个意思。因此这一点在平时说话时也要多加注意。

·不懂不要装懂·

　　不知道你有没有观察过，真正受欢迎的人是怎样做的。他们不见得一定都聪明，可他们却十分清楚在什么地方说什么样的话，不该开口的时候绝对不会多说。有的时候他们是懂而不说，而有的时候他们是自己不懂，所以从不妄自揣测。有一种人恰好和他们相反，明明是想要得到他人的认可，可结果往往不尽如人意。

　　曾经看过这样一个故事，说是有一个小职员，为人有些小聪明，也喜欢学习，领导对他也另眼相看。可这个人有个最大的毛病，那就是特别喜欢表现自己。没有哪个员工不想给上司留下一个好的印象，如果能在他们面前好好表现，那么就可以为自己今后的工作打下一个好的基础，所以这样做原本是无可厚非的。

　　终于有一次公司领导去谈生意的时候，他也能跟随了。他凭借着自己的那点小聪明，就在两个老总面前表现自己，而他的领导，则变成了饭桌上说话最少的人。不是他不想说，是他的员工不给他机会。原本两位老总要谈的东西，他并不是很清楚，可对方抛出问题的时候，他不但没有让自己的老总开口，反而自己在那里不懂装懂。对方也不是毛头小子，这个职员到底是了解这个东西还是不了解，他几句话就分辨出来。事情的结果可想而知，生意没谈成。原本是成功率很高的一笔生意，就让这个员工的刻意表现给搞砸了。

　　这位员工想表现自己，这没错，可他错的是不分时间、不分场合。倘若他能有一些自知之明，只需在领导旁边适时提醒，那么不但生意能谈成，回去之后，领导也会赞赏他。而像这样，直接在外人面前，让自己领导下不来台，换谁心里都不会舒服。再退一步说，领导把这次的任务交给他，这次合作也不会成功。为什么？因为他自己本身准备得不够充分。假如一个商家，他对自己的产品都不了解，又如何能说服顾客相信自己，购买自己的产品。这个员工犯的就是这样的错误。

《论语》中有这样一句话："知之为知之，不知为不知，是知也。"古人留给我们的东西，哪怕到了现在也依然很实用。不懂不要装懂，这不仅仅是一句简单的话，重要的是我们能否做到这一点。

我们生活在这样一个快速发展的时代，每一天，每一秒都可能发生新的事情，而这些事情里面，会有许许多多我们闻所未闻、见所未见的，这并不能说明我们跟不上时代的潮流了。活在这个世上，可悲的不是无知，而是不懂装懂。

至于不懂装懂的原因，大致可以分为两类。一是好面子，别人问出问题而自己回答不上来，怕被别人嘲笑，这样的人自尊心通常很强，可同时他们也活得最累；二是掩饰自己的无知，我们说了就好像我们真的理解这个问题似的，但其实并不是这样的。记得小学的时候，数学老师讲了新课，然后问我们："今天的课听懂了吗？"其实我是没听明白的，但是大部分同学都说自己听明白了，所以我也跟着说自己明白了。可到最后吃苦头的还是我自己，平时的作业总是在别人的帮助下完成的，后来由于这一节课没有弄明白，我之后的学习变得越来越困难，考试成绩也很糟糕。就像是盖房子一样，由于下面的一块砖头没有放到位置，那么就算房子盖起来了，也不过是个随时会坍塌的房子。

其实想明白了就能跨过这个坎儿。遇到不懂的问题，如果想的是：我怎么这么笨，又不会解决了，久而久之，这个人就会变得越来越悲观，甚至是自暴自弃；如果想的是：这其实是件好事，它能让我认识到自己哪方面存在不足，然后就可以在这方面多花费一些时间充实自己，同样的，你肚子里面装的东西，就会越来越多。真正懂的人，你一开口说话，他们就知道你心里装着多少东西，在他们眼里的自己，不过是个不懂装懂的人，但是他们不会拆穿；而不懂的人，更不会说什么，在他们心里只觉得你懂的好多，但其实事实是什么，你自己心知肚明。有一点，我们应该清楚：坦白地承认要比不懂装懂更容易被人接受。承认自己的不懂，虚心向别人请教，这样的人，没有人会不喜欢。谁也不是生下来就什么都懂、什么都会，所以无须抱怨，别人知道的比自己多，不过是因为他们学到了，其实当年的他们也就是现在的自己。谁都是从不懂到懂走过来的，因此无须羡慕他人，你自己也可以成为那个被人羡慕的人。

中国近现代有一位非常知名的学者叫王国维，是一位国学大师，个人在文学、哲学、考古学、美学等方面都有着很深的造诣，他知道的东西，一定比我们多得多。但是这样一位大师级的人物，他在教授学生们知识的时候，面对学生提出的问题，他不止一次用"这个我不懂"来回答。即使是才华横溢的伟人，都有不懂的时候，更遑论我们一般人了。所以不用觉得不好意思，更不用害怕别人的嘲笑，坦然做自己，真诚对待他人，如此便可问心无愧，至于其他的事，我们无须过于纠结。

表达秘籍

1. 勇敢承认自己的不足。这世上没有一个人会知道大千世界里的所有东西，所以承认自己的不懂，并不丢人，相反，对方会因为你的诚实而刮目相看，反而会乐意告诉你解决的方法；而那些不懂装懂的人，除了让人有班门弄斧的厌烦感，还会被人贴上"欺骗"的标签，而一旦这种标签深入人心了，就不会有人再相信他说的话了。

2. 平时要多学习。我们时常听别人说起的一句话就是：学无止境。事实也的确如此，即便这个世界上我们不了解的东西有太多，我们终此一生也不可能将它们完全学完，但我们可以尽自己所能去多学一些。可能我们现在学的东西看起来没什么用处，但是总有一个时刻，这些东西会帮到我们的忙。学到老活到老，这句话是至理名言。

3. 不要太在意面子。对于不懂的东西，不要遮遮掩掩，害怕别人知道，很多你以为说出口会丢脸的问题，其实都不会发生，面子这个东西，有时没有那么重要，太过在意一样东西，可能会让人在某方面过于执拗，这对个人发展是不利的。

·放慢语速，表达清楚·

根据人群中智商的总体分布，我们了解到这个世界上大部分都是我们这样的普通人。但是每个人又是独一无二的，也就是说，即便两个人智商一样，他们的个人习惯、行为方式和与他人交往的情况等等方面，都是不同的。

我们通过说话，向他人表达自己，从而使他人理解自己，或引起人们的共鸣。由此可见说话是一门很大的学问。这里我们先来说一下说话的语速问题。有的人说话速度非常快，这可能和个人的性格有关，这类人或许是因为才思敏捷，思维能力很强，也可能是因为缺乏自信。而有的人说话不急不缓，让人听了很享受。还有一种人，做事慢、行动慢、说话慢，有时候听这样的人说话实在是让人很难受。

如果仔细观察就会发现，不管是领导人、公司经理还是我们身边的朋友，总有这么一些人他们说出的话听起来很舒服，尤其是在某一特定时间里，他们对于时间的把握相当准确，在这期间他们不但能把自己该说的重点全部表达，而且听他们说话的人也不自觉地被他们所吸引，这里面的原因就在于他们说话语速问题上。我们必须承认，这些让人喜欢听他们说话的人说话语速一定是合适的，合适就是说既不会太快，让人摸不着头绪，也不会太慢，给人以沉闷的感觉，因为这一类的信息会对人的大脑产生抑制作用。而在生活中我们不管是要和别人交流还是要说服别人又或是做一场报告会，说话语速都会影响到最终的效果，可见说话语速对人的影响之大。我们在说话的时候，应该注意这个问题，说话语速应该适中，这样别人会很乐意听我们说话，而不是因为语速问题，让别人不愿意再听我们讲话。

　　我们自己也可能遇到这样的情况。比如说我们到外地旅游，有时候难免需要问当地人一些问题，可能是问哪里最好玩，可能是问某个地方怎样去，当地人通常会很热心地回答我们，但是这些话我们不见得能全部听明白，因为他们说话的语速有些快，这并不难理解：他们是当地人，自然对这个地方非常了解，回答问题的时候，说话就不自觉地变快了。而我们回答问题，目的自然是让别人听懂，如果因为说话速度问题导致别人不能理解我们所说的话，回答问题的意义也就不复存在了。另外如果一个人说话语速很快，也可能是因为他对某一问题不太清楚，但是他又不愿意承认，所以先不管别人能不能听懂，快速地说就能给人一种"这个人懂很多"的感觉，这样他们就不会发现自己不明白这个问题了。但是这么说也会给别人造成困扰，问题得不到解决，人与人之间交流就会产生一些困难。

　　说话语速的快慢还和个人的性格有关，例如有的人性格急躁，喜欢在短时间里完成一项任务，所以他们的办事风格是雷厉风行的，通常他们说话也比较快，碰到和自己性格相似的人他们的交流并不会有困难，但是如果遇到做事喜欢做到最好、慢工出细活的人，他们就变得很暴躁，这种人他们是看在眼里，急在心里；而对那些说话稍慢一些的人来说，遇到说话语速快的人，他们也同样不能理解，听完这种人说话自己整个人都处于一种迷茫的状态，大脑对于输入的信息来不及进行加工处理。性格在人的一生中较难发生改变，但是我们的说话速度却是可以改变的，在说话的时候可以在心中默默提醒自己，有一个好办法就是对着镜子或者墙练习，在规定的时间里念一段话，就知道自己说话语速是快还是慢了。只有发现问题，才能有相应的解决办法，快的话就说得慢一点，慢了稍快一点。经过多次的练习，一定能让自己的说话语速回到正常的水平上。

　　我们之所以说话，就是希望别人明白我们的意思，知道我们想表达什么，而不是自顾自地说完就结束了。说话的魅力，在于说话者可以借助一些词汇或是语句表达自己，会说话的人，走遍天下都不怕。

所以如果我们说话语速过快，别人听完以后都一头雾水，那么我们的表达就失去了它的意义。文字大家都在用、都在写、都在说，但是为什么会有不同的结果？关键就在于我们能否正确地借助文字，通过这一途径，把自己的所思所想告诉他人。

一个人如果说话语速太快，可能会给自己或者他人带来一些困扰。比如上司在给下级传达一个指示的时候，由于说话语速过快，下属反应不过来，而下属又不敢开口让老板再说一遍，那么就有可能因为错误地理解了意思，而按照自己的想法去做，结果不但给公司造成损失，而且自己也可能因此失去工作。再如一个要给上千人作报告的讲师，如果他在台上说话速度很快，那么下面的观众必然有一大部分会陷入一种困惑状态。

有的人说话语速快，可能是性格急躁，比如想说服一个人同意自己的某个观点，语速过快不代表说服他人的效果更好。美国有一项研究表明，说话语速过快，看似更有说服力，其实不然，因为说话太快的人，别人很难跟上他的思路，对对方说的话自然就也理解不了，这样一来也不会被说服。再次说话太快的人气息会有一些紊乱，这样说话的时候声音就免不了会发颤，但是这样的声音在别人听来却更像是由于紧张而造成的发颤，容易让人产生对方不自信的感觉。说话是向别人表达自己想法的一个方式，别人自然把关注点放在语速和清晰度上面，只有合适的语速讲出的话才是清晰的，能被别人理解的，所以我们应当学会控制自己的说话速度。

综上我们可以看出，想要正确地表达自己，让别人理解自己，我们要做的，除了组织好语言还要放慢自己的说话速度。性子急的人，在和他人交流的时候，一定要减慢自己说话的速度，才能让人明白你要说的话，从而避免了交流困难。

要知道，当你慢下来的时候，你说的话，就会更容易被人接受。

表达秘籍

1.与对方交流的时候注意对方的面部表情。我们在说话的时候，可以适当作停顿，多关注对方的状态，倘若对方聚精会神地在听，我们就可以继续谈话；如果对方目光涣散或是一脸迷茫，那么我们就要考虑是否是因为自己的说话语速太快，如果是就要有意降低自己的说话速度，再次和别人交流。

2.说话前多想想自己想要表达什么。我们的目的是让别人明白我们的意思，所以速度太快，别人理解不了，我们还要再讲一遍，这是很浪费时间的。所以想明白了这一点，我们自然会注意自己的说话语速，速度随之就会降下来。

3.给自己心理暗示。说话速度快的人，每次说话前，先给自己一些暗示，告诉自己一定要放慢速度，时间一长，说话速度自然就会慢下来，关键要有持之以恒的心。

·第一时间记住别人的名字·

当我们用真心去对待别人的时候，也会收获别人的真心，我们真诚地对待他人，不仅能让对方感受到我们的诚意，也会赢得别人的欣赏。身为上司，想要领导出一支有力量的团队，并非一件易事，除了员工每个人各司其职，还要领导有远见，有人格魅力，关心爱护下属，让他们感受被关心、被肯定。领导真诚地对待下属，下属必然感受到这一点，他们才会觉得自己是被需要的，进而努力工作，这样既实现了自己的价值，又为团队作出了很大贡献，那么公司一定是蓬勃发展的。

在罗斯福还未当上美国总统之前，有一次他去白宫拜访总统夫妇。但是不巧的是，总统夫妇有事外出了，并不在白宫里，所以罗斯福扑了个空。但他不觉失望，他在白宫和见到的所有人都打了招呼，这本没什么，我们每个人都能做到，但是罗斯福是叫他们的名字来打招呼的，不管是花园里正在浇花的园丁，还是厨房里的女仆，所有人都被他叫了名字。身边人的名字，我们都能随口说出，但是像罗斯福这样，记得每个人的名字，并且在见到他们的时候清楚地叫出，则令人心生敬佩。后来有一位仆人在写一本书的时候，提到了罗斯福叫人名字这一场景，他说，那天是他这几年最开心的一天，即便有人拿钱来换他也不愿意。为什么只是叫了别人的名字，就能让人印象这么深刻？对于只见过一两次面的人，许多人都没办法记住对方的名字，这就出现了下面的一种情况：再次见到这个人的时候，脑子有印象，并且确定自己见过这个人，但是却怎么都想不起来对方名字，于是原本想要打招呼的手不自觉地放了下来，想想这时候自己会多尴尬。还有更尴尬的是，别人已经叫出了我们的名字，但我们连对方是谁都不知道。试想对方如果遇到这种情况，他们以后可能也不会和我们再打招呼了吧。记住别人的名字，不是一件小事，这能让对方明白：在我们心里，他们是有地位的，他们感受到了被尊重，同时也说明我们是真心实意想和对方交往的，那么接下来的交谈自然就会很顺利了。

在美国影响着经济的，除了"石油大王"洛克菲勒、"汽车大王"福特等人之外，还有著名的"钢铁大王"卡内基。虽然他坐拥着这个宝座，可实际上，对于钢铁的知识，他本人了解得并不多，这其中的原因又是什么？我们先来看卡内基小时候的一个故事，或许能从故事中找到答案。某天，卡内基在玩耍的时候，无意中获得了一只小兔子，这只兔子是母兔子，没过多久，母兔就生出来了一窝小兔子，卡内基非常喜欢它们，可他的家里并没有足够的吃的来喂养这些兔子。但是卡内基非常聪明，他和自己的邻居说，小兔子还没名字，谁要是拿来吃的喂养一只小兔子，那么就用这个人的名字给小兔子起名。小伙伴们都纷纷表示赞同，最后每一只兔子都有了自己的名字，孩子们也非常开心。卡内基之所以会想出这样的办法，并不是偶然，而是因为他发现人们对自己的名字非常敏感，也就是说，如果有人叫出他们的名字，他们心里就会觉得莫名开心，于是他就利用这一点，让小伙伴们心甘情愿地拿出食物喂养兔子。当时的卡内基只有 10 岁，但他小小年纪就已经表现出了一定的管理能力。再后来他招聘了非常多的了解钢铁的人，建立了钢铁公司，同样也用到了记住别人名字这一方法。从这个故事中我们可以学到一些东西，例如在与人初次见面的时候，应尽可能地记住对方的名字和长相，这样下次见面要聊天的时候，我们就可以直接叫出对方的名字，如此一来他们必然会对我们有一个好印象，有了这一铺垫，接下来的交谈自然就是顺理成章、水到渠成的事了。

当我们记住对方的名字后，就会发现身边的陌生人看起来也很亲切，我们会认识许多新朋友；不管是在工作中还是在学习中，我们都会收获很多有用的东西。试想有一个人记住了我们的名字，即便两个人很久没有联系，但是再见面的时候，对方能准确无误地叫出我们的名字，就能让我们感受到被重视的感觉，这样两个人交谈的时候就会有一种轻松的氛围，也不会觉得尴尬了。

拿破仑三世贵为君主，他每天要处理国家内部的许多事情，并且还要会晤各种人，他见的人数之多，可想而知，但是只要是他见过的、记得名字的人，不管过去多长时间，他再次见面的时候，依然能叫上对方的名字。我们有的时候不记得别人的姓名，所以会给自己找很多借口，被人们说得最多的就是太忙，没时间。忙这个字很笼统，当我们这么说的时候，别人也很难再责怪我们了，可事情的真相却并不是我们所说的忙。我们之所以没有记住对方的名字，不过是因为我们没有花心思去记，要不然只是一个名字而已，怎么会记不住？拿破仑那么忙，但是他见过的人都能叫上来名字，难道我们比他还忙吗？名字是一个代号，有了这个代号我们可以更容易将它与某个人联系起来，所以其实大多数人都是很在意自己名字的。看看古人，有哪一个不想在史书上留下自己的名字，让自己流芳百世，被后人所铭记？古人为了让后人记住自己，不惜花费重金做一些事，比如修葺寺庙、做善事等。记住别人的名字，不但表现了我们对对方的尊重，而且也能给别人留下良好的印象，在第一时间里记住别人的名字，这能快速拉近两个人的距离。当然我们的记忆是有限的，记住也可能会忘，所以如果真的忘记了，可以有一些补救的措施，也可以巧妙地化解尴尬，上策就是记住别人的名字。

表达秘籍

1. 学会重复。过目不忘的人，这个世界上还是很少的，大部分都是像我们这样的普通人，所以对于只见过一次面的人，我们忘记对方的名字很正常，这时候为了记住名字，我们要做的就是在对方说完自己的名字后，自己在心中默念几遍，以便加深记忆。

2.借助外力。比如认识了一位新朋友，我们可以把他的名字和他本身的性格、外貌、特点等相结合，这样记名字的时候就不会太空洞，也方便我们和他下次见面的时候能对号入座。

3.补救措施。如果实在是想不起对方的名字，可以巧妙地问出来，比如不经意地要对方的名片，或者把手机给对方，告诉他希望可以多联系，这样他在写下电话、地址的时候就会把自己的名字写上了。

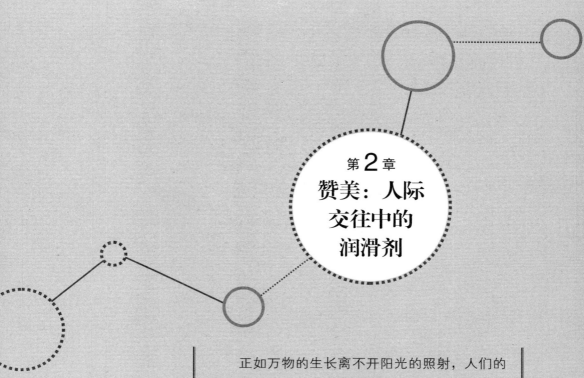

第2章
赞美：人际
交往中的
润滑剂

　　正如万物的生长离不开阳光的照射，人们的成功同样离不开他人的赞美，赞美对人而言也是相当重要的。我们赞美他人，能给他人以鼓励；他人赞美我们，能让我们的关系更加亲密，因此，人人都需要赞美。当我们在与人交往的过程中，适当地运用赞美，可以让人际关系更为和谐。

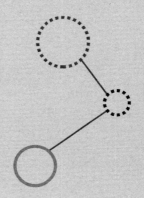

·赞美不等于恭维·

美国作家马克·吐温有过这样一句名言："只凭一句赞美的话我就可以充实地活上两个月。"在这里我们完全可以看出，对他人的一句称赞有多么重要的意义。一个受人欢迎的人，往往也善于表达，而一个善于表达的人，又往往时常赞美别人。几乎没有人不喜欢被人赞美，得到他人或是社会的赞美时，我们会产生一种愉悦的情感，我们会不自觉地对那些赞美我们的人产生好感，从而使两个人之间的距离拉近，人际关系更加融洽。

有这样一个故事。在美国某电气公司，该公司要求员工去农村，他们的任务就是说服农村人使用电，有一位叫威伯的员工去了一家农场。农场主的夫人打开门看到是推销员就立刻关上了门。但是出乎她意料的是，威伯告诉她自己是来买鸡蛋的。这位夫人起初不太相信，毕竟鸡蛋到处都有卖的，何必大老远地跑到这里买？威伯解释自己的妻子想做蛋糕，但是她指明只要这一种鸡蛋，因为这种鸡蛋做出的蛋糕松软可口。夫人听完他说的话，稍稍放下了戒心，她打开门让威伯进来，之后夫人带着威伯去了自己的养鸡场，两个人交流非常愉快，威伯还赞美夫人能干，因为她一个女人自己管着一大片养鸡场，而且还把它们管理得那么好，十分难得，他还说她赚的钱肯定比她丈夫赚得多。两个人一番交谈下来，夫人彻底放下了戒心，威伯最后建议夫人用灯照射，鸡蛋的数量一定会更加多，夫人就问了他电的价格问题，没多久夫人同意了给自己鸡舍供电的建议。

威伯先是说出，农场夫人卖的鸡蛋好，自己的妻子很喜欢用它做面包，这看似无意的赞美，让夫人放下自己的戒心，打开门两个人慢慢有了交流，在参观鸡舍的时候，又赞美夫人是一位了不起的人，再一次赞美了她，到这时夫人已经彻底地放下了戒备，因为从两人的谈话中，她感受到了被别人认可的感觉，最后威伯谈到了鸡蛋的产量问题，顺理成章地引出"用电"这一最终目的。销售中赞美别人，能使得销售的成功率大大提高，这是一个很有用的技巧，使用恰当的话，能使人转变原有态度；但是不合时宜的赞美或是错误的赞美，会让人产生厌恶感，就会造成适得其反的局面。

赞美别人犹如煲汤，这是一个过程，最重要的是掌握好火候，火不能太小，那样熬出的汤不美味，也不能过大，否则汤会糊掉，所以掌握好这个度很重要。高尔基有一次听到一个人在赞美他，但是他并不高兴，那个人说他的作品非常优秀，穷尽各种词语来赞美他，说得非常夸张，高尔基越听越生气，直到那个人赞美《海燕之歌》的时候，高尔基终于忍无可忍地打断了他，这是高尔基早期的一个作品，在他看来这部作品存在很多不足，但是这个人依旧不顾事实赞美，这样的赞美听到人耳朵里就不是让人欣喜的事，反而会让人产生一种厌恶感。我们喜欢被人赞美，但不喜欢被人恭维，这两者的区别就在于有没有针对事实、发自内心地表达。

赞美和恭维是两个词，意思也不相同。赞美他人是一种发自内心的动力，因为我们看到他人身上的闪光点，所以我们向对方表达了这一观点，而我们所说的也是事实，真诚地赞美他人，能让对方感受到真诚；而恭维则不一样了，如果没有任何事实根据，就对着他人赞美，不但会让人觉得虚情假意，而且让他人觉得难以接受，甚至不想再和我们交流，这样的行为就不叫赞美了。我们喜欢被人赞美，但不是所有的赞美都能让人心情愉快，所以千万不能把赞美和恭维混为一谈。

那么说好听的话，就是赞美别人吗？当然不是，同样是赞美一个人，有的人说话让人听起来特别舒适；而有的人说出来的话，则让人觉得特别的虚伪。就是因为一个是在赞美别人，而另一个是在恭维别人，恭维也可以说是阿谀奉承。无缘无故地赞美别人，别人一定会觉得奇怪，如果在说完这些"赞美的话"之后，再告知对方自己的真实目的，对方就会明白：原来之前说那么多话，是有目的的，没有任何人会喜欢这样的人，所以这样说话只会让对方更加厌恶。如果我们的确需要别人帮忙，可以开门见山地说，确实需要赞美他人的话，不妨把赞美的话说得微妙一些，最高明的赞美就是不露痕迹的赞美，这样的赞美会在别人没有意识到的时候说到心坎儿里。不讲事实的赞美，容易让人感到不真实，有巴结别人的嫌疑，这显然是不利于个人的发展和人际交往的。

赞美别人，是我们与人交往，表达自己的一种手段，一种工具，我们要做的，是好好利用它，让它发挥出最大的优势。赞美别人不但能让我们的人际关系更加和谐，而且还能加深彼此的理解，消除人们之间的误会以及化解尴尬等。一个会赞美别人的人他说的话一定有很多人愿意听，而且会受到启发，但是一个会恭维别人的人，却会被大部分人所讨厌，还有一小部分人喜欢自欺欺人，所以即便是假话他们也愿意听，我们这里说的是普通人。赞美他人的时候应该看着对方说，让对方感受到我们的真诚，可以面带微笑，但表情不宜过分夸张，否则赞美就失去了它原有的意义。

生活中赞美的作用不可忽视：老板称赞自己的员工，会让员工感受到被关怀，自己的努力不是无用功，老板都看在眼里记在心里了，他们会用更加积极的态度对待工作，为公司的发展贡献自己的一份力量；教师根据学生的良好表现给予赞美的话，从而激励他们持之以恒地努力，始终做好自己该做的事；给予自己朋友赞美之词，不但能加深两个人的深情厚谊，而且还能让我们的关系稳定下去等等。字典里有无数个字，里面不乏溢美之词，只要我们合理地使用它们，就会收到意想不到的效果。一个不会赞美别人的人，不会是一个受欢迎的人，赞美别人是联络感情的一种良好方式，我们每个人都应该学会。

恰到好处的赞美，能让人非常受用，而不适合的赞美或者恭维别人，则没有人会喜欢，所以我们应多注意自己的言辞是否合适，说话之前多思考，想清楚了再说。赞美别人既可以让对方心情愉悦，又能为两个人的和谐相处打好基础，这是一件一举两得的事情，所以我们没有理由拒绝，对别人不要吝啬，多用美好的词语去赞美别人。赞美也需要一定的技巧，我们应该根据事实去赞美别人，把握一定的分寸，可以稍有夸张，但不可过分夸张，否则赞美就会变成恭维，不但不能收到良好的效果，而且对方可能不愿意再同我们交流了。所以想要恰到好处地赞美别人，需要我们注意自己的说话方式，多总结优点，也可以通过借鉴别人来不断地完善自我。只要勤加练习，注意方法，假以时日一定能从中获益匪浅。

表达秘籍

1. 把握分寸。平时我们赞美别人的时候，要注意一个度，夸奖别人没有错，可是不要过了头，那样会让人觉得虚伪，这会给别人留下不好的印象。

2. 发自真心。多关注别人，了解对方之后，从心底里向别人发出赞美，而不是简单的口头一句话，大家赞美别人，也被别人赞美，这好话听多了，你是真心还是假意，很快就能分辨出来。

3. 抓住优点。对方长得好看，就赞美她的容貌；文采好就夸文采，总之不管夸什么，一定要抓对他人的优点去说，不要想当然。

·洞悉人心，学会赞美·

法国雕塑家，奥古斯特·罗丹曾说过这样一句话："生活之中不是缺少美，而是缺少发现美的眼睛。"眼睛是人心灵的窗户，透过眼睛我们能最快地了解他人，因为人的情绪、感觉、喜好等都藏在人们的眼睛中，人们或许可以控制自己的动作、语言等，但却很难控制自己的眼神。一个观察力较强的人可以从别人的眼睛中了解到他内心真实的想法。而且经科学家的研究证明：当人的情绪变化时，最先出现变化的往往是瞳孔的改变。而目光交流，又在人际交流中占据重要的一部分，有时人与人之间的交流并不用通过言语来表达，目光同样可以准确地反映人的内心。

前面我们说了，要多去赞美别人，那么这里就有一个问题：要赞美什么？倘若要赞美我们的朋友，这并不困难，因为我们彼此非常熟悉；假如对方是陌生人，这对有的人来说，就不是那么容易了。我们不了解对方，甚至是第一次见到对方，就要赞美对方，这就需要我们多观察、多思考，在细节中发现美，赞美对方。

比如我们新认识了一个人，但是对于对方的情况并不清楚，如何与对方交谈才能优雅又不失尴尬，就需要个人有一定的技巧。赞美别人，无疑是拉近彼此关系的好办法，在我们赞美对方前，可以观察对方的眼神。只要仔细观察就不难发现这个人的一些特点，诸如他对于某样事物很厌恶，与人交谈有礼貌等，眼神是骗不了人的，我们可以根据这些情况，对这个人有一个大概的了解，然后在与之交流的时候，就可以找到一个切入点，开始一个话题。在赞美对方的时候，辅以真诚的眼神，对方必然也会感受到我们的真诚，观察对方的眼睛，学会"察言观色"。如果我们发现，在赞美他人的过程中，他人与我们有较多的目光接触，而且眼神中并无不悦的神情时，我们基本可以说这个人对我们所说的话表示赞同，或者说他对我们说的话感兴趣，这样的交流自然是融洽、和谐的；反之如果发现对方目光游移，很少与我们目光接触，甚至是眼神中已经带有明显的不耐烦情绪时，我们就应该及时地停止自己的谈话，想一想是不是我们说的话不小心触到了对方的霉头，或者是对方不愿意与我们交谈。但不管是上面哪种情况，我们都可以从对方的眼神中得到反馈，所以目光交流是一种非常重要的交流。

与人交谈前，可以先对其目光进行一番观察，那么在交谈的过程中，目光交流也非常重要。在与他人交流的过程中，提到某件事时，发现对方眼神变化，例如原本是平静的目光忽然变得激动、兴奋或是愤怒、厌恶，这就表明这件事对他有深刻的影响，所以从眼神中我们就能得到这些信息。除了这些情绪变化，我们还可以在对方眼神中发现对方对我们的态度：是喜欢和我们交流还是疲于交流。有了这些信息，我们想要赞美别人的时候，就可以找出合适的时机，决定自己能不能赞美对方或是以什么样的方式来赞美。如果我们在赞美别人的时候，从对方的目光中透露出的是欣喜、高兴，那么就可以说我们的赞美是正确的，或者说我们的方向是正确的；倘若对方表现出来的是一种不舒服或者烦闷，我们也同样能在对方的眼神里找出相应的情绪。

文字的力量有时候有些苍白，比不上语言的力量。语言更像是一把无形的武器，用得好可以救人，用得不好能给人心灵造成难以磨灭的伤害。所以我们应该多关注自己说的话，对那些容易伤人的话，如果不是必要的话，那就尽量少说，可以多说一些赞美的话，因为这些话能带给别人愉悦的情绪，这是一种精神上的愉悦，它比物质上的愉悦带给人的影响更大、效果更长远。用眼神赞美也是一种语言，否则"含情脉脉""欲语还休"这些词又是从哪来的呢？眼神的赞美尤其适用于某些不宜使用言语交流或者言语交流不方便的时候，就是简单的一个眼神示意，既能向对方表达自己要说的话，同时还能显示出自己的真诚。与别人交流的时候，我们常常把目光放到对方的面部三角区，这样能显得我们在认真倾听对方说的话，而三角区里就包含了人的眼睛，通过眼睛，我们能对一个人做出判断。加利福尼亚州洛杉矶有一位十分优秀的篮球教练名叫约翰·沃登，他时常和自己的球员们说：如果同伴们进球了，他们就应该向那个人报以微笑或是点头示意。有人对此表示怀疑，要是对方没看到怎么办，教练却肯定地说那个人一定会看到。教练这样教自己的球员，球员有了进步都受到了鼓励和称赞，彼此之间互相扶持，所以整个团队都相当团结，这位教练带出的队员都非常优秀。从这个例子可以看出人在有所成就的时候，都希望得到别人的褒奖，这能让自己更加快乐，即便是一个眼神、一个简单的"OK"动作，都能让人感受到自己被赞美了。有时候一个眼神之间的交流胜过了语言的交流，学会看懂对方的眼神，能让自己更好地理解他人的感情，也能更好地向别人表达自己的友好和真诚，所以赞美他人时的眼神交流非常重要，需要我们好好把握。

与陌生人进行眼神交流、表达赞美，能拉近两颗心的距离；对亲近的人眼中带笑，能让我们的关系更加亲密。所以说赞美对人而言真的很重要，如果不擅长用语言表达，那么可以试试用眼神示意，把你想说的用眼神表达出来，对方也一定能感受到这份心意。

表达秘籍

1. 注意观察。有的人身上的优点，我们很容易看到，而有的人则需要我们用心去观察才能发现，想要向别人表达自己，至少不能让人讨厌你，而赞美别人就是最好的方式。

2. 用眼神表达自己。非言语的表达，往往能比言语表达效果更好，好听的话谁都会说，但是一个人的眼睛却骗不了人，眼神交流带给人的震撼有时远超文字和语言。当我们真诚地赞美他人时，我们的眼神必然也是真诚的，我们的表达就是心口合一的，这样能让别人更容易接受我们的赞美。

3. 是注意眼神，而不是盯着别人看。保持眼神交流是正确的，但是一直盯着别人，就会让人浑身不自在，所以要间隔几秒钟看向别的地方，中间用点头，"嗯"，"然后呢"，这样的话适时告诉别人：我在认真听你说话。

·另一种形式的赞美·

想赞美别人是件容易的事，但是如何赞美才能让人接受并且不会有奉承、恭维的感觉就没那么简单了。前面我们提到了人人都需要赞美，我们也应该多多赞美别人，那么我们在赞美别人的时候，通常使用的是直接赞美或是当面赞美。当面赞美我们能立即观察到对方的表现，以方便自己对信息进行加工处理，及时地调整自己的表达等。但有时候这种方法也存在着一些弊端，比如赞美别人的时候，对方心里难免会产生一种抵触，因为他们怕我们的赞美是带有私心的、不纯粹的。那么除了直接赞美，我们还可以用另外一种方式——间接赞美来赞美他人，这样会让人更容易接受，同时感受到我们的真诚，这就是它的魅力所在。

四大名著之一的《红楼梦》中有这样一段描写：史湘云和薛宝钗都劝贾宝玉好好读书，将来考取功名，光宗耀祖，而宝玉向来不喜爱这些东西，所以对于她们俩的劝解，宝玉更加反感，而后想起了黛玉，觉得她那么懂自己，肯定不会像她们俩这样劝自己，于是脱口而出："林姑娘从来没有说过这些混账话！要是她这么说了，我早和她生分了。"黛玉恰好来找宝玉，听到了这一席话，顿时觉得"又惊又喜、又悲又叹"。林黛玉心思细腻而又敏感多疑，听到宝玉在背后这么说自己实属非常难得，而且也更加可信。试想一下以林黛玉的性子，假如宝玉是当着她的面这么说的，她肯定觉得他是故意要讨好她或者是为了打趣她，这就不会让她有百感交集的感觉了。可见赞美别人方式有很多，但是背后的赞美却让人更欣喜。原因就在于背后赞美别人往往是在不经意间发生的，所以它会带有更少的目的性，这样一来说出的话，自然会让人更加受用，这就是背后赞美的魅力所在。

人人都需要被人赞美，也希望自己能被别人赞美，但不是所有的赞美都能让人心情愉悦。当面赞美或是直接赞美当然有它的好处，但是有的人用这种方式赞美别人时，却不是那么容易把握好尺度，一旦超过了某个界限，就会把"赞美"变成了"奉承"，这样的赞美无疑是不成功的。如果我们赞美他人既能让对方快乐，也能使自己得到锻炼，那么这样的赞美就是成功的，是我们应该去做的。

小赵和小张在同一家公司上班，由于两人年纪相仿，而且有不少共同的话题，所以时间久了两个人自然而然成了好朋友。但是某次因为工作上的事情，两个人闹了矛盾，以至于中间很长的一段时间两个人都避免见面，真的见了她们也是互相不理睬。一段时间后两个人都挺后悔的，觉得因为这么点事就失去一个朋友实在是不值得，但是各自又放不下面子，所以两个人就这么僵持着。小赵偶然间听到有同事在说小张的一些不好的话，她很生气，当即就和那两个人争论了起来，说小张是一个热心、善良的姑娘，不允许她们误会她、说她坏话。那两个人觉得十分尴尬，都灰溜溜地回到自己的位置上了。办公室的其他人都知道这件事，有人就把事情和小张说了，小张听完后觉得很感动，所以当即就请小赵吃饭，向她认错，小赵也承认了自己的错误，两个人重归于好了。其实小赵只是向同事说出事实，但没想到两个人因此冰释前嫌了，她不过说出了自己的真心话罢了，但不管怎么说，两个人和好了就是最好的事，也算是意外收获了。可见背后赞美别人比起当面赞美效果更好，因为这样的赞美不但让人更加可信，而且不会让人有不诚实、虚伪的感觉，甚至还能起到让人意想不到的效果。

一个长相姣好的人，起初对于别人的赞美可能会觉得不好意思，但是这种话听得多了，慢慢的这个人在面对这些美言的时候也能"宠辱不惊"了，因为同样的话已经被无数个人说过了，听得多了也就没感觉了，因为已经习惯了。那么想要独辟蹊径地赞美，给他人留下深刻的印象，我们可以借助别人来帮助我们表达，让对方在自己已经熟悉的地方发现新大陆，这样的赞美比直接赞美效果更好、更持久。

拿破仑是法国伟大的军事家和政治家，他本人非常讨厌别人奉承自己，关于这一点，不少人都知道。尤其是那些夸奖他卓越的军事才干这样的话，是他最反感的。有一次他在军营的时候，有一位士兵想歌颂拿破仑，于是他想出了一个巧妙的主意，他说拿破仑厌恶别人的奉承，由此可见他是一个非常英明的人。这样一番表达，用令人耳目一新的方式，让拿破仑觉得自己和那些凡夫俗子不一样，所以他高兴还来不及，又怎么会生气。但实际上拿破仑已经落入了别人的"赞美圈套"，只是自己没有意识到罢了。所以说，赞美也有技巧，像大家已经司空见惯或者习以为常的赞美话，人人都会说，而且听得也多了，为了让我们的赞美给别人不同以往的感觉，需要我们用一些巧妙的方式赞美。只要认真观察，就一定能发现某人身上另外的优点，而这些优点甚至连他本人自己都没有意识到，这样我们的赞美不但不会让对方觉得厌烦，而且还会给对方留下深刻的印象，这样一来，我们在和别人交流的时候，就会比较顺利。但是有一点要谨记，那就是不管我们是当面赞美他人还是背后赞美他人，这都是一种途径，通过它我们能和他之间营造一种良好的交流氛围，从而让我们能更好地表达自己，人际关系才会更加和谐。当我们赞美了某个人，最后通过第三方传到了当事人的耳朵中，当事人会觉得更加感动，心中也更为震撼，因为在人们的心中，普遍认为第三者说话是中立的，他们说出的话更加真实可信，而且表达也是不偏不倚的，这从另一个侧面说明我们待人真诚，所以这也是赞美他人的一种好方法。多去赞美别人吧，这不但会给你带来新的好朋友，而且也会让自己的人际关系更加和谐。一个被人信任、被人喜欢的人，他在做事的时候一定会有很多人愿意帮助他，这也就是我们平时所说的"有贵人相助"。

表达秘籍

1. 从不同点切入，赞美他人。赞美别人时不要干巴巴的说，只是围绕一方面去赞美，说得多了也就没意思了，听的人也不愿意听了。所以为了能达到最好的赞美效果，我们应当从多个方面去赞美，就好像画家画肖像画一样，不同深浅的线条才能勾勒出一个立体的、真实的人。

2. 借他人的口说赞美的话。我们对某个人的赞美，经过第三方的转述传达给当事人，与我们直接赞美他人相比，当事人会觉得前者更真诚、目的性更弱，对你的信任也会更高。

3. 背后赞美。倘若我们在夸奖别人的时候被那个人听到，那么他基本上对于我们的赞美是接受的，而且觉得我们说的话是比较真诚的，毕竟在他心中，我们说这些话也不知道会被他听到，所以我们说的话很可能出自真心，这样能让他人很容易对我们敞开心扉，为两个人日后的交流起到一个好的开端，有了这样的开端，交流就是一件双赢的事了。

·重要的不是怎么赞美，而是赞美什么·

印度著名诗人、诺贝尔文学奖得主的泰戈尔有这样一句名言："赞美令我羞愧，因为我暗自乞求得到它。"一代大家尚且希望得到别人的赞美，更别说我们一般人了。没有人不喜欢被人赞美的，即便是别人嘴上说不喜欢被人夸奖，但真的有人称赞的时候，他的心里还是开心的。想要赞美别人，最重要的一点，不是我们夸别人哪里出色，而在于用什么样的方式去夸奖。虽然方法有千万种，但是合适的人要用合适的方法，这就和中医看病对症下药是一个道理，没有最好的方法，只有最合适的方法，只要认真观察、用心发现，就一定会找到它。

顺着别人的话赞美。美国有一位叫比恩·崔西的优秀图书销售员，在他手里曾卖出过无数本书，而究其原因就是因为他坚持了一点：一定不要忘记赞美自己的顾客。关于这一点，比恩·崔西最开始做销售员的时候就开始使用了。某次，他准备向一位女士推荐自己的图书，而那位女士在知道他的身份之后表现得十分不耐烦，因为在她心里始终觉得这些做销售的人都是嘴上说得好听，所以直接告诉他自己是不会买书的，要他趁早找别人推销，不用在自己身上浪费时间。比恩·崔西没有因此气馁，而是顺着这位女士的话回答："您说得没错，像您这样有主见、有思想的女士，我还是第一次遇到。"说完这番话后他发现女士脸上的表情有所缓和。两个人慢慢打开了话题，之后女士询问了许多关于图书的问题，比恩·崔西都认真回答了。直到交谈进行到最后阶段的时候，他才直接赞美了这位女士，说她头脑清晰、思维敏锐而且还是一位有个性、气质佳的人。女士听了他赞美笑得眉眼弯弯，很自然地从崔西手里买下了一套书。而这一切只是开始，在那之后，她又从崔西这里买了几百套书籍，成了他的一个大客户。从这个故事中我们可以看出，最初崔西在推销图书的时候是顺着女士的话说的，因此不会让人有恭维的感觉，然后获得了别人的好感。接着就是单纯地回答问题，最后在结束之时，再对女士进行一番夸奖，这时候再夸奖女士，她买书就是水到渠成的事了。如果两个人的交流可以发展到这一步，那么你要说的、你想说的都会很容易被人接受。这也就是我们在与人交流的时候，要多用赞美的语言原因之所在。

从细节之处去赞美。人们常说：细节决定成败，而细节又体现在小事之中。有的时候小事也能对人产生极大的影响，这其中的道理就在于小事件中也蕴含着大道理。某次作家贾平凹和几位朋友去一个朋友家做客。这位朋友的客厅中挂着一幅画，画面的内容是一幅人体艺术画。虽然几个人交流期间并没有人提起这幅画，文坛大咖们也都一本正经地端坐着，可是时不时瞟过去的眼神却出卖了他们。后来终于有人按捺不住了，就问朋友家的一个小孩子："那是什么？"而这个人手指的方向恰好是画中女子的乳房，小孩子认真地说："是妈妈的奶。"话音刚落在座的人都哈哈大笑。贾平凹却为此汗颜，还称赞小孩子心中坦荡，可以成为他的老师了。因为此事贾平凹还专门写了文章表达自己的赞美之情。或许在别人看来这不过是一件小事、一个笑话，很快它就会被抛诸脑后，而贾平凹却慧眼识金，通过成人与小孩比较，更加突出了小孩子的天真无邪，赞美了他的单纯。学会从小事中发现问题，就可能有出乎意外的收获，我们或许没有贾平凹作家那样的慧眼，但是只要用心去观察，就能发现惊喜。我们想赞美别人的时候，不一定非要从外貌、身材以及财富等方面去说，因为这些东西往往是显而易见的，听得多了人就习惯了，也很难再有第一次那样的喜悦了，所以我们应该学着从细节处赞美别人。而且从细节处赞美别人还能给别人一种"贴心、细心"的好印象，何乐而不为？

　　"千里之堤，溃于蚁穴""勿以恶小而为之，勿以善小而不为"这些话都能证明积少可以成多，不管是好事还是坏事，只要我们多次地重复，将来有一天就会变成一种巨大的力量，这种力量可以在瞬间摧毁我们，也可以帮助我们赢得成功，所以我们应该多做好事。赞美别人也是这样的道理，人人都知道是大事，因为它对我们的影响非常大，而且通常还和我们每个人息息相关。而小事则不然了，原因就是人的眼睛有盲点，这个盲点可能是自己给自己设置的，也可能是被某些东西遮挡了双眼，所以我们才会对很多事情"视而不见"。由于社会分工不同，所以每个人都肩负着不同的责任，但不是说一个人在自己的岗位上完成了工作就不值得赞美了，没有什么事是应该的，所以看到别人做好了自己的工作，我们可以对他赞美，即便是很小的成绩，也是值得赞美的。人的社会地位虽有不同，但绝无高低贵贱之分，正是每个人都在自己的岗位上工作着，我们的社会才得以正常运转。科学家们的辛苦付出，我们的科技才发展迅速，我们歌颂他们；但是路边起早贪黑的清洁工人，同样值得我们去赞美，如果没有他们，我们的道路就不会这么干净，我们的城市也不会变得美好，所以哪怕对他们说一句感谢的话，也是一种赞美。学着做一个有心人吧，你会发现生活中有很多原来不曾注意到的事，都值得被赞美，你会发现生活原来如此美好。

　　有的时候，我们明明是在夸奖别人，但是却没有收到意料之中的效果，可能就是因为我们用错了方法。千篇一律的赞美，没有新意，自然达不到好的效果，所以我们在赞美别人的时候，还应注意因人而异，在某个时刻、某个场所中，对一个人的赞美应该是独一无二的，切不可拿同样一句话赞美两个人，这样的赞美不但没有诚意，而且十分廉价，要知道这句赞美适用这个人，但不代表也适合另外一个人，所以强行把某个赞美安在某个人身上，无疑是错误的做法。另外还要注意，我们的赞美应该不仅仅限于陌生人，不能忽视的还有我们身边亲近的人，不能因为彼此关系好，就觉得没有必要去赞美他们或者忘记赞美他们，他们对我们的好，我们更应该去感恩、去赞美，而不是觉得这是我们应得的，更不能接受这些爱但却对此无动于衷。赞美别人的方法数不胜数，只要你愿意，生活中有很多值得我们赞美的人和事。别因为粗心大意，就忽略了原本蕴含着璞玉的石头，多去赞美别人吧，你的人际关系会更加和谐，生活也会更加美好。

表达秘籍

1. 发现不同的闪光点。对于别人已经习惯了的优点，我们没有必要再去赘述，而发现别人自己都没注意到的地方，我们的赞美则会更加出彩。

2. 关注小事从中赞美。小事中藏着细节，从细节处赞美效果往往会更好，只要肯用心，就能找到值得赞美的地方，但是并不是所有的小事都值得赞美，所以别看到一件小事不经思考地就去赞美，那样反而让人更难接受。

3. 真诚的夸奖。倘若我们的赞美不是真诚的，而是过于夸张，甚至自己都觉得假，那么听到我们赞美的对方也必然不会心花怒放，所以不要虚伪、做作的赞美。

·不同的人如何选择不同的赞美词·

在我们赞美对方的时候，应该谨记一点，那就是对不同的人，应该用不同的词汇来赞美，"一个萝卜一个坑""一把钥匙开一把锁"就是这个道理。如果在赞美他人的时候，不顾对方的身份、年龄、外貌等问题，只要见人就赞美他，那么我们的赞美通常是无用的，因为没有因人而异，所以这样的赞美，听在别人耳朵里就是左耳进右耳出，根本不会放在心上的。所以为了有效地赞美他人，我们应该学会不同的赞美。另外同样是一个赞美词，用在这个人身上和用在另一个人身上效果是不同的，所以需要我们对赞美词加以分析，然后才能更好地利用它。不管是在生活还是在工作中，我们都需要赞美别人，所以用怎样的方式表达，对我们来说很重要，学会正确地赞美，才能收获别人的好感，为自己的人际关系和发展奠定良好的基础。

其实想赞美别人，不是只限于用褒义词去说，有的时候，我们用其他的话来说，同样也能达到赞美的目的。生活中这样的事例很普遍，比如说自己的好朋友在某一比赛中名列前茅，我们会笑嘻嘻地对他说："拿了这么大的奖金，怎么着也得分我一半对不对？"这样看似贪财的话，实际上是用另外一种方式向自己的朋友表达了赞美，因为他真的很棒，所以才拿了大奖。我们这样的表达方式没有用褒义词，但是这是我们心中最真实的想法，是我们感情的自然流露，当然，我们这么说的时候，对方自然也明白我们想说的话，所以他们还可能会配合我们说一句"应该的"，然后两个人哈哈大笑。仔细想一下，这样的俏皮话是不是比单纯地说："你真棒""你好厉害"这样的赞美更好呢？因为我们是不落俗套的，所以这样的赞美反而让人耳目一新。

当然说这种话通常需要我们注意时间、地点以及面对的对象，这种表达更适用于年轻人或是同辈群体之间，对于长辈而言，说这种话并不合适，因为说这种话会给他们留下"这个人没有礼貌、不知分寸"等坏的印象，这时的赞美反而会起到反作用。另外，这种俏皮话也不适用于一些比较正式的场合，诸如报告会、演讲会等场所，所以使用这种方法赞美的时候，还应该注意这些问题，否则就有可能弄巧成拙。

有不少老年人都会觉得自己很孤单，因为人年纪大了，很多事情都记不清楚了，他们身体的各个部位都在慢慢退化，不管是在思想上还是行动上都跟不上年轻人，而作为儿子女儿，他们也已经成家立业，也要教育自己的孩子，所以有的时候容易忽略老人心中的感受。但是我们不能忘记赞美他们，正是因为他们老了我们才更应该赞美他们。如果我们肯坐下来认真听他们说话，就会发现他们在谈到自己年轻时的事时，眼中也会绽放光芒，他们会激动地和我们诉说过去那一段慷慨激昂的往事。也许只是因为我们看到了他们在晨练，称赞他们身体好，年轻人也比不上。我们赞美了他们，他们就会觉得特别开心，打开自己的话匣子跟我们说当年的事迹，这对他们而言，是非常重要的，所以我们更应该多赞美老人。而且从他们的那些故事中，我们也能收获一定的道理，俗话说："不听老人言，吃亏在眼前"就是这个道理，他们懂得比我们多，所以听他们说经验教训，也能让自己免走弯路，一举两得的事情，为什么不去做？赞美老人时可以多用"老当益壮""宝刀未老"等话去表达，避免用一些容易引起他们伤感的词，给老人心理上造成伤害。多去赞美他人，逐渐减轻自己的失落感，间接地帮助他们克服心理障碍，如此才能更好地享受生活。

盛先生应朋友之邀去参加一个派对，这种场合，他去的次数数不胜数，而且每次都会有新的惊喜，在这里他能结识不少新朋友，而且还能向别人展示自己，所以他一直都很喜欢这样的地方。派对没多久，盛先生很快和一位美女成功搭讪了，他的幽默风趣、风度翩翩很快就获得了美女的青睐，后来美女有事暂时离开了。但是盛先生很快就又认识了新的美女，而当第一个美女回来后，原本要过来和他打个招呼的只是还未走近，就听到男士说："李小姐，你的眼睛真漂亮，好像会说话一样。"面对这样的赞美，对面的美女立刻笑得眉眼弯弯。由于男士是背对着第一个美女的，所以他并不知道她听到了这些话，而那位美女在听到这话的时候也立刻转身走人了，并且还带着很大的怒火，原因就在于这个男人刚才说的话和他之前赞美自己的话一模一样。自那以后那位美女再也没有见过盛先生，而原本和她相谈甚欢的盛先生却不知道发生了什么。同样的话，不要对两个人说，特别容易给人留下"虚伪""不真诚"的坏印象。这就像是收到别人送的据说是独一无二的礼物，但却无意中发现除了自己还有别人也有这样的东西一样，这种感觉没有人会喜欢。所以赞美别人的时候切记：不可用同样的话来赞美两个人，每个人都是独一无二的，世界上也没有两片完全相同的叶子，所以赞美这个人的话，不会适用于其他人，对于年长的人、同龄的人以及小辈的人，我们赞美他们的话必然是不同的，"在什么山上唱什么歌"就是这个道理。

表达秘籍

1. 区分年龄。赞美人有智慧、宝刀未老这些是用于老人的；夸人有远见、创造力丰富等是用于年轻人的；说人有灵性、将来会有大出息的是用于小孩子的。所以具体用什么样的词来夸奖，需要我们注意对方的年龄，不能一概而论。

2. 性别和身份差异。赞美男生的话和女生的话当然是不同的，尤其注意的是当性别和身份挂钩的时候，赞美更要注意措辞，试想一位未婚女孩带着一个小孩，却被人夸赞当妈妈还这么年轻，对方心里会开心吗，当然不会。所以要注意对不同的身份的男士或女士，应该用不同的词汇赞美。

3. 对待不同人应有不同表达。像俏皮的赞美就不太适用于陌生人之间，因为不是所有人都喜欢这样的表达方式，我们对亲近的朋友这么说，因为我们了解对方，所以这么说他们能明白，这样的赞美就更加富有趣味。因为每个人的需要不同，所以我们想要达到最好的赞美效果，就应该有针对性地表达。

·对症下药，方能药到病除·

同样是赞美别人的话，有的人听到耳朵里会很开心，而有的人听了则不会放在心上，甚至都不会有什么感觉。这两者之间的差别就在于，赞美的时候没有赞美到点子上。这就好像医生给病人开药一样，只有清楚地知道病人得了什么病，才能开出正确的药方，让人恢复健康。我们也可以有洞察人心的本事，抓住对方心中的某个点，巧妙地将它表达出来，以一种不经意的方式让对方感受到这种赞美，我们说的话才算是说道别人心坎儿里了，这样才是成功的赞美。而平淡无奇的赞美，听得太多了也就麻木了，所以我们应该找不同的切入点去赞美他人，这样才能达到效果。

比如一个人很喜欢说话，但是却很少有人喜欢听他说话，如果我们肯去听他说话，这就会是让他最开心的事。商店里顾客和销售员总是免不了摩擦，有的时候没有必要因为一点小事争得脸红脖子粗，最后两个人都没有占到便宜。当顾客不停地抱怨的时候，有经验的销售员通常是静静地听着对方发泄，等他说完后解决问题，这时候就容易得多了，这其中的道理就在于顾客看到了销售员在倾听自己说话，这就是尊重人的表现，只要销售员肯好好解决，这件事就会迎刃而解。学会倾听别人说话，对良好的人际关系有着重要的影响，当我们认真倾听别人的时候，我们传给对方的信号就是：我在听你说话，你说得很好，这件事对我来说很重要等，当对方感受到我们这一信号的时候，他们就会收到鼓励，进而感受到被尊重，在不经意间就赞美了对方，满足了他希望被人倾听的愿望，对方必然会对我们有好印象。所以说其实会倾听，对别人来说也是一种赞美，因为这既让别人表达了自己，还让我们了解了别人的想法，达到了"此时无声胜有声"的效果。但倾听绝不是单纯的用耳朵听，更重要的是用心去听，让对方知道：虽然我们一句话也没说，但是我们的态度是认真的，这会更加激起对方倾诉的欲望，当他说完自己要说的话后，我们的人际关系就已经有了一个良好的改变，这就是对对方最好的鼓励和赞美，说不定我们还因此有意外的收获。

每个人都有各自所喜欢的东西，有人喜欢乐器，有人擅长思考还有人爱明星，总之只要我们肯用心，就能发现别人的爱好。在了解了这一点之后，我们就能轻易地通过这一点来和别人交流，所以这是个不可忽视的切入点。假如说我们发现某个人特别喜欢一个明星，那么他必然对这个明星非常了解，这种情况下，我们就没有必要和他再谈这个明星的一些基本信息，诸如生日、身高等信息，这些信息十分普遍而且没有很大的意义，我们说了也是吃力不讨好，这些事别人比我们更加清楚，所以我们说了不但不能引起对方的共鸣，反而会让他不想再和我们交谈。多花点时间去了解对方，就能发现对方的喜好，这样在谈话的时候，我们在谈起这个话题的时候，不至于说错话而使气氛变得尴尬。如果说我们发现对方和自己有一个共同喜欢的人或是爱好时，这无疑是一件值得高兴的事，因为两个人在这一方面是一样的，即有了共同的话题，首先我们可以赞美对方有眼光，然后说自己也喜欢这个人，这样一来，就会给对方一种惺惺相惜的感觉，甚至还可能因此成为知己，可见找到合适的点赞美对方是一件多么重要的事。

有的情况下，我们和对方有着同样的爱好，但是我们的成就或者说是练习远远达不到对方那个地步时，我们很有可能没办法成为对方无话不谈的好朋友，我们可以用别的方法，让对方对我们有深刻印象。我们可以在对方展现出某种才艺的时候，真诚地赞美对方，然后把自己放在对方下面的一个位置上，虚心地向对方求助，说出自己的问题，此时对方一定十分乐意为我们答疑解惑。尤其是当对方的这个爱好是大多数人不能理解的，这时候我们的肯定性赞美，对对方而言就显得更加珍贵了。但是赞美的时候，应该是真诚的、发自内心的，虚情假意的赞美会让对方识破，给人留下不好的印象，有了这个印象，别人就很难对我们改观，更别说以后愿意再和我们交流了。所以说我们一定要有恭敬的态度，让对方真切地感觉到这一点，或许我们的赞美不过是简简单单的几句话，但有可能会给别人带来很大的影响，在无意中肯定了别人的努力，这样的赞美是有意义的，其影响也是深远的。

另外还有一点要注意，别人的喜好不会都是好的。比如某个人特别爱喝酒，我们当着一群人的面说对方酒量好，千杯不醉，这样的话并不是赞美的话，因为这话给人一种不好的感觉，尤其是当着那么多人的面，这样的"赞美"通常是不合适的，一般情况下会让人产生负面的情绪，让对方觉得我们是在讽刺他，甚至是故意这么说，就是为了让他下不来台，虽然我们的本意可能并不是这样，但是不良的结果却已经造成，对方也可能因此记恨我们，我们的这一举动可谓是"赔了夫人又折兵"，不但没留下好印象，还被拉进了黑名单，就算是跳进黄河都洗不清了。所以不是所有的爱好都值得赞美，也不是任何时候都适合赞美，只有把握好赞美的场所和自己的措辞等方面，才能是最好的赞美，强行赞美反倒会让我们的人际关系变得愈发糟糕。如果对方是我们要合作的对象，那么这一次的合作显然不会成功，更严重的情况是别人以后都不愿意和我们合作了。

赞美别人是一种艺术，在生活中我们赞美别人，应当注意自己的方式方法，不能为了奉承而赞美，也不能不真诚地赞美，这样会给对方留下坏印象。没有任何人愿意和一个不真诚的人做朋友，也没有人愿意和这样的人做生意，所以只有恰到好处的赞美，才是最好的赞美，才能发挥出它的最好威力。

表达秘籍

1.精确的洞察力。要赞美一样事物，必然经过我们的观察，准确地观察，才能更好地赞美，而只有不同一般的赞美，才会让对方感到愉悦，我们说的话，对方会更容易听。

2.多花心思。做什么事情都不会说一次就成功的，想要好的结果，我们必然要花费很多的时间和精力。赞美他人的时候更是如此，不肯花心思的人，不会发现他人身上的细微改变，说出来的话在别人听来也是空洞的。

3.找到自己与对方的相同点。当我们和对方交流的时候，最好的切入点莫过于找到双方都感兴趣的话题，有了共同的话题，交流起来就会毫不费劲，经过这一番交流，我们之间的距离一定会缩减很多，这时候再赞美别人就是顺理成章的事了。

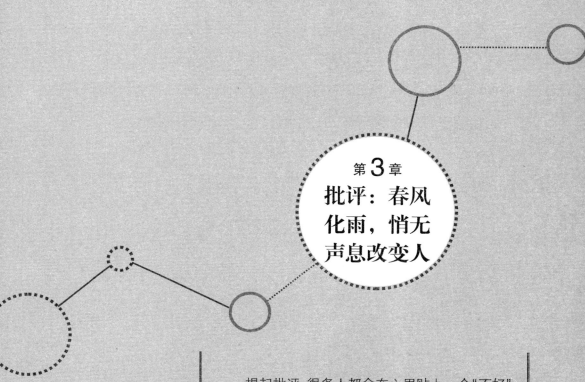

第 3 章

批评：春风
化雨，悄无
声息改变人

　　提起批评，很多人都会在心里贴上一个"不好"的标签，因为批评给人的感觉就是不舒服的，没有人愿意被他人批评。成长过程中我们难免被人批评，也会批评别人，但是当我们掌握了一些技巧，就可以让批评变得容易接受。

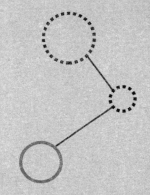

·让别人接受批评并不难·

俗话说"人生不如意之事，十之八九。"我们的生活中也并不都是伴随着鲜花和掌声的。有的时候，我们对别人也不总是赞美的，我们会批评别人，当然也会被别人批评。那么这里就要说到怎么样批评才能既让人接受，又不会影响彼此之间的感情，这就是批评的艺术了。虽然说在人们心中，提到批评好像都是件令人难以接受的事，但实际上，只要我们把握好批评的方式，掌握批评的技巧，就可以把这件事变成人们愿意接受的事。

我国伟大的教育家陶行知，之前在某小学当校长的时候，发生过这么一件事。在他去上课的途中，看到王友同学在和班上的其他几个男生打架，陶行知立即制止了他们，经过一番询问陶行知知道了这件事的始作俑者就是王友，由于还要上课，所以他告诉王友放学以后在校长室等他。而当下课后陶行知走到校长办公室门口时，发现王友已经在门口了，看样子很早就到这里等他了。于是他从口袋里拿出一块糖，递给王友并说道："这块糖是奖励你的，因为我让你来等我，但是我自己却没有按时到。"接过糖的王友满脸不可思议。然后陶行知拿出了第二块糖说："我制止了你们，你就真的乖乖听话，没有再动手了，由此可见你是一个尊师的人，所以这一块也是奖励你的。"王友接呆呆地接过糖。接着陶行知又拿出一块糖给王友，他说道："孩子，我已经把这件事的来龙去脉调查清楚了，知道你是因为他们欺负女同学了，所以才动手打人的，可见你是个非常有正义感的孩子，而且对于自己做过的事情你也没有不承认，所以这个是奖励你打抱不平的。"听完陶行知说的话，王友忍不住哭了，他对陶校长说："校长你打我吧，我打的不是坏人，打的是我的同学啊。"陶行知听后又拿出一块糖给他，微笑着对他说道："鉴于你意识到自己的错误，这就作为你的奖励，不过这是最后一块糖了，我没有多余的了，所以我们今天就到这里吧！"说完陶行知就进到办公室里面了。陶行知没有说一句批评王友的话，可是对王友来说这比批评他还有用，因为这些话让他从心底里认识到了自己的错误，并且也愿意接受改变。孩子的心本就敏感脆弱，直接告诉他们什么是对的、什么是错的，他们不见得会听我们的话，甚至可能会故意和我们唱反调。现在越来越多的家长抱怨，自己的孩子顽皮、不爱学习，也不听话，打也打了，骂也骂了，就是没什么效果，却让孩子变得更加不听话、更叛逆了。孩子犯了错，委婉地批评，像陶行知那样，一步一步让孩子自己认识到错误，使得他从心底里知道是自己错了，这样才会深刻地意识到错误，进而改正错误，切不可采用过激的批评，这样会使得孩子感受不到老师和家长对自己的爱，甚至会觉得他们是故意和自己作对。有些老师面对犯错误的同学，希望他能意识到自己的错误，于是对其进行严厉的批评，甚至让他站在讲台上，开一个批评大会，让全班同学都知道他犯了错，这种方式有可能让孩子迫于压力认错了，但是他心里很有可能是不赞同、不服气的，对于有些内向的孩子来说，这些更可能给他们造成极大的伤害，影响他的一生。所以在批评的时候一定要注意，尽量少用狂风暴雨式的批评，这样不会达到好的效果，应该多一些细雨蒙蒙的教化，循循善诱，引导对方让其在不知不觉中发现自己的错误，然后才能改正它，这样的批评是容易被人接受的。

人和人之间的交往，难免会有摩擦，但我们不能因为有了不愉快就不和别人交往了，所以即便是发生了不愉快的事件，大家也能互相体谅。有的小事，只要不涉及原则问题，基本上都没有必要放在心上，而有的事，则让人比较难接受，这时候我们就不得不指出别人的错误了，但是指出错误只是一种途径，我们的目的是我们能更愉快地相处。如果在必须批评别人的时候，也应当注意自己说的话，不适宜一针见血地指出错误，这样会让人在心理上产生一种抵触感，就像是一道无形的墙伫立在人心里，当这道墙竖起来后，我们再说什么话都会被隔绝在墙外，这样一来问题就得不到解决了。尤其是当我们要指出错误的对象是我们的长辈时，这一点要更加注意，我们应该尽量委婉地说明，可以通过借助他人的事例来交流，这样会让他们自己领悟到我们的"言外之意"，否则的话一定会影响彼此的关系，长辈们甚至会觉得我们不是个孝顺的孩子，那时候讨论的重点就不在错误这个问题上了。要始终记住：方法总比困难多，所以不会有什么解决不了的事情，只要我们肯用心，就能找到合适的办法，别用最糟糕的办法去解决问题，这只会让我们与他人的关系变得紧张，不管是对我们还是他人而言，都是百害而无一利的。在指出别人的错误前，多想想自己怎样表达、以什么样的方式表达才是最好的，想清楚之后再去说，这样成功的可能性才会大一些。

不管是直接的评判也好、间接的批评也罢，我们使用批评，我们的出发点一定要是好的，是为了帮助对方改正他的错误而指出的，绝不是自己为了报复别人或者逞一时口舌之快而伤害他人的。所以即便是在批评他人的时候，我们也要注意自己的态度、说话的方式，在某些情况下还要给人留面子，不能只图自己舒服，而置他人于不顾。

某个商场公司的经理，平时工作不太忙的时候，喜欢去员工区，这样可以时常考察他们的工作情况，并对情况作出及时的反馈。一天经理看到一位顾客在柜台前，左顾右盼的样子，于是他推测这位顾客是要买东西，但是导购都在离柜台很远的地方，她们三三两两地凑在一起聊天，有说有笑的，甚至完全没有看到柜台旁边等待的顾客以及愤怒地看着她们的经理。经理当时就想批评员工们不好好工作，但是他刚要开口，想了想还是没有说，毕竟在大庭广众下批评员工，这对公司的声誉不好。所以思索过后他自己去了柜台，帮助顾客挑选东西。顾客离开之后，经理走到那几个员工旁边，员工们一看是自己的老板，顿时面面相觑，这下没人说话了。但是出乎所有人的意料，经理并没有斥责她们，而是静静地看了她们一会，然后一句话没说就离开了，但就是这样的一个眼神，让她们感受到了一种委婉的批评，几个员工们都读懂了经理没有说出口的话。这件事的结果是，这样的无声批评比之前的怒斥效果更好，在这之后员工们都老老实实地待在了自己岗位上，没有再玩忽职守了。

"金无足赤，人无完人"，所有人身上都存在着缺点，所以我们都有做错事的时候，当我们做了错事，有人会站出来批评我们，我们心里必然会很难过，但这是正常的现象，而且当我们被人指出错误的时候其实并不是件坏事，因为这样我们能改正自己的缺点，使自己不断地进步。但是不管是被别人批评还是批评别人的时候，都应该注意自己的说话方式，正确的方式方法，能让人容易接受，而且愿意从心底里改正，这样才能起到积极的影响。不分时间、不注意方法指出别人的错误，不但会让对方颜面尽失，而且还会产生怨恨心理，甚至为了挽回自己的面子，做出一些过激的行为等。有的表面不说，但这种事可能会给他们带来很大的伤害，但不管是哪种情况，都不是我们希望看到的，我们批评别人或者被别人批评的时候，是希望能被接受，所以一定要注意自己的表达，不要最后没让人接受反而破坏了良好的人际关系，这就是得不偿失了。

表达秘籍

1. 注意措辞。批评是为了改正错误，但是如果不注意自己说的话，那么明明说出口是为了他人好，却也容易被人误解，造成不良的结果。

2. 委婉比直接更有效。我们用力地开门，门不但不会贴到墙上，反而还会反弹回来，而轻轻地推门就会开了。所以直接粗暴的批评，效果不如委婉表达来得好。

3. 一个好的态度。想要批评别人之前，一定要有一个好的态度，如果你的态度不好，对方甚至于根本不想听你究竟说的是什么，甚至两个人会吵起来，这就让初衷转移了。心平气和地和对方谈一谈，他哪里做得不对，相信对方还是很愿意听的。

·分清对象，学会批评·

当一个人被人批评的时候，心里面通常都是不舒服的，不管批评的人是关系普通的朋友，还是我们的家人、爱人，我们心里不舒服的这种感觉都会存在，只不过程度有所不同。也许我们还不能立刻接受别人的批评，但是当我们冷静下来，想清楚一切事情的时候，就会发现，大部分情况下，别人对我们的批评都是有道理的，是为了我们好，想明白了这一点，我们也就自然而然地愿意改正自己的不足，不断地让自己变得更好。但是不是所有人的批评，我们都要接受，有时候我们接受了反而是错误的。

当我们和别人出现小问题的时候，被对方批评或是批评别人，都是很正常的事情，但是这时候绝不是要揪住一个错误不放，甚至是凭这一点对他人进行冷嘲热讽或是把这种事当成笑话说给身边的人听，这样做不但严重地伤害了对方，而且还会给别人留下一个糟糕的印象。像这种背后说人的行为，时间久了，没有任何人会愿意和这种人做朋友的，所以批评的时候一定要有分寸，有些话能说有的则不能说。尤其有的时候，批评的话还不适合当着所有人的面说，单独和对方谈一谈，既保全了他的面子，还能让他感受到被尊重，这样一来，两个人的沟通就一定会是十分顺利的。

有一点要特别注意，那就是不是所有人犯了错我们都可以批评他，因为人与人的关系，是一种十分微妙的关系，可能原本亲密的关系，会因为一个不合适的批评而产生嫌隙，就像是一面完整的镜子被打碎了一样，即便是用胶水粘起来了，但还是会留下裂缝。所以批评别人的时候，不但要注意场合，还要分清楚自己要批评的对象。自来熟的人尤其要注意这一点，不是说这种人不好，只是有的时候，他们以为和别人很熟了，所以会说一些类似批评的玩笑话，虽然这也算是一种幽默，但是这种幽默却很难被别人所接受，因为事实上这两种人的关系并不具有很深的友谊，所以面对别人做错事的时候，我们批评前应该先考虑自己和对方的关系是否足够让对方接受我们的批评。这就能解决我们好心提醒他人改正错误，但却不被理解的疑惑了。

我们必须承认，有这样一类人，非常擅长人际沟通，无论身边是怎样的人，他都能和对方聊得很好，但是如果他说到别人不爱听的话，那么有的人可能就会和他断绝来往了，这绝不是危言耸听，而是事实。有一个词叫"亲疏有别"，也就是说，即便是我们的亲人、朋友或者是同事，在同一类关系上面，我们也分着亲近关系和一般关系。对于身边亲近的人，我们比较熟悉，自然也了解他们身上存在的问题，所以即便我们没有幽默批评，直接指出问题所在，对方也不会计较什么，最多心里面不太舒服，但是知道我们的出发点是好的，所以也不会太过介意，接受我们的批评可能性也是极大的；而对那些和我们关系一般的人而言，可以说我们的关系属于"君子之交淡如水"的那一种，所以不要去强求什么，如果对方有很多缺点，我们也不适宜直接指出，因为关系不到那一步，说出的话别人不见得会听，更别说是改正自己的错误了。所以我们在与人交往过程中，如果一定要批评的话，也应该注意自己要面对的批评对象，应尽量委婉地表达想法，尤其是对那些和自己关系一般的人来说更是如此，注意在合适的时候提出，顾忌对方的面子，不要自顾自地说。

当别人出现错误的时候，我们可以提醒他，可以批评他，但不能因此对这个人的人品等方面产生怀疑，不把自己放在道德制高点上去批评别人，更不可因为一件事就否定一个人，这是人际交往的基本道理。一个人犯了错，心理可能原本就是难过的，如果因为这件事再被别人说一些难听的话，甚至上升到人性层面，就是不合适的了。因为批评的人或许只是随口一说，但是受批评的人却可能觉得对方在故意针对自己。所以说批评别人的时候，应该实事求是、就事论事，就这件事情表达自己的观点，而我们把注意力放在事件本身的时候，也应该注意到对方的内心。批评别人时说："你迟到了一小时"和"你这个人没有一点时间观念"，显然前者会让人更容易接受，这就是我们所说的就事论事，即对事件本身表达看法，不批评别人的兴趣、性格、人品等方面。我们批评别人的时候，也希望别人理解我们的用心，反过来说，被批评的人同样渴望得到理解，批评别人前多想想，如果自己是对方，能不能接受这种批评，自己的内心是什么想法，假如自己都无法接受批评，又怎么让对方心甘情愿地接受？同样的话、同样是批评，怎么说就是一个很关键的点，试着换一种表达方式，就会让人容易接受了。可见就事论事在我们的人际交往中非常必要，这种表达方式值得我们深思，具有很高的参考价值，用这样的方法逐渐取代直指人性的批评，一方面这能让对方感受到我们是客观的、公正的，另一方面还会让我们学会了换位思考：当别人对我们有这种难以接受的批评时，我们就会多一点理解、多一些包容，也可以避免人际之间出现冲突。

有一句话叫"好心当作驴肝肺"，这句话不是没有道理的。我们在使用批评的时候，首先要关注的就是我们要批评的对象，不是什么人我们都能批评的，有的人不爱听人批评，有的人表面接受背地里诋毁，还有的人当场翻脸，这些情况都是可能出现的。尤其是那些和我们关系一般、没有一定感情基础或者信任前提的人，避免对他们提出批评，否则他们不但不接受，还会觉得我们不安好心，拒绝接受我们的建议。另外批评时也要多注意自己的表达，切记不可因为某件事就上升到他人的人品问题上，这是最不明智的表达，也是最没有意义的。

表达秘籍

1. 批评要分人。认清批评的对象，对于没有把握的，不要妄自去批评，不然的话很容易招致别人的误解。对亲近的人注意批评的方法就可以，关系普通的，就不要用自己的好心给别人添堵了。

2. 对事不对人。即便我们要对他人提出批评，也要多保持理智的思考，不要拿这一个错误去否定他之前的错误，更不能借题发挥，让对方心生厌恶，影响我们的人际交流。

3. 多问问自己是否合适。开口批评之前，先问自己几个问题，我们的关系到了能批评的地步了吗？我这么批评他能接受吗？就这么批评他合适吗？等等，在考虑清楚这些事情后，能不能批评的答案就已经出来了。

·忠言不一定要逆耳·

司马迁的《史记·留侯世家》里有这样一句话："良药苦口利于病，忠言逆耳利于行"，是我们现代人耳熟能详的一句话。我们在被别人批评的时候，心里时常会想起这句话，好听的话人人都爱听，而让人心里不舒服的话没人想听。但是指出他人的错误时，我们说的话一定是难听的吗？答案显然是不一定的，只要我们掌握了批评的方法，良药也可以不苦口。有这么一则小故事，说是太阳和风比谁更厉害，它们赌的是谁先让路人把衣服脱下就算赢，风先来大显身手，它对着路人猛吹风，谁知人们不但没有把衣服脱掉，反而裹得更严实了，风不死心，又刮起了更大一阵风，可结果还是一样的。在大风吹过后，太阳从云层中露出了头，然后慢慢移动到了路人的头上，路人们顿时感到一阵燥热，于是纷纷脱下外衣。可见想要达到目的，就应该找到合适的方法，这样才能事半功倍。忠言之所以逆耳就是因为在情绪状态方面，听的人和说的人恰好是完全相反的，所以想要忠言不逆耳，也不是完全没有办法的。

那么如何说忠言，才能不逆耳呢？想一下我们在被别人批评的时候，如果对方起初说的几句话，我们就明白对方是要批评我们，那么不管他说的是对是错，我们的心中都是有抵触的，这时候不管对方再说什么，其实我们都已经听不进去了。我们批评别人的时候，别人心里也是这样想的，所以为了让对方不排斥批评，我们可以先站在对方的角度。向对方表明自己的立场后，对方就在不知不觉中接受了我们，当没有抵御心理的时候，我们再晓之以理、动之以情，让对方认识到错误，而不是强迫别人接受自己的批评，这样的才会有预期的效果。如果采取激烈的言辞批评别人，则会让对方更难接受，更别说是改正错误了，两个人可能因此产生更大的矛盾，让原本是一件小事的事演变为一件大事，这样就得不偿失了。但是即便我们是让对方卸下防备才接受批评的，我们只是为了让对方更好地接受，但这并不意味着我们可以欺骗别人，让别人放下戒备心理是一种途径，我们不能用它来伤害别人，这样做显然是不可取的。

所以说到底，批评别人的时候，要让人从心底里接受，明白这样不好，然后才会去纠正，说话好听点，借用暗示法，对方就会领悟到你的心意，这样的批评才能奏效，由此可知：忠言不一定非要逆耳。

某大学有一位教法语课的教师，一天上午这位教师去给同学们上课。当他刚走进教室的时候，发现教室里的日光灯居然还亮着，但是老师没有直接批评学生，说他们大白天还开灯，而是像往常一样，先用法语和同学们问好，接着打开了法语课本。老师先是环顾了一周同学们，同学们没明白老师是在看什么，正暗自疑惑的时候，只听他抛出了一个问题："同学们，我们的国家很有钱吗？"这一问题让同学们更加困惑了，不过虽然他们不知道老师葫芦里卖的什么药，但从他们乱糟糟的回答中还是能听到大家说的都是一个答案，即我们的国家并不富裕。法语老师接着问："那么，既然现在是白天，外面天气晴朗，日光灯为什么还是开着的？"老师说到这里，同学们才恍然大悟，离开关近的几个同学迅速把灯关闭了，其他同学脸上也都泛起了羞愧之色。这种给出问题让对方发现自己的错误的方法，我们称之为设问启迪法。这种方法能使对方自己认识到身上的不足之处，并且心甘情愿地去改正它，这样的结果往往比直接指出错误的效果要好得多。

在我们想要指责别人之前，应该多想想，自己的措辞、语气等是否能让人接受，如果不能，那我们就该及时调整自己的表达，毕竟我们的批评不是为了让别人难堪，我们是要解决问题的，所以粗暴的批评不会起到作用，这样只会让人心中产生敌意，往往还让人心中不承认自己的错误，因为他的关注点已经发生了变化，所以他会把时间都用在为自己开脱上面，甚至会反唇相讥说一些难听的话。举个例子，生了病需要做手术的人，在手术前应该先给病人打麻药，然后再做手术，否则不打麻药直接做手术，几乎没有人能接受，批评人的时候也是这样。批评的话也不见得都是难听的，只要我们肯学习就能找到对应的麻药，这样再去批评的时候，别人就不会那么排斥了，这样一来既消灭了矛盾出现的可能，还使对方心理上也有一个缓冲期。

路易十四是法国的国王，某次他心血来潮写了一首诗，请大诗人勃怀特看看，问他觉得自己写得怎么样，勃怀特接过国王的诗稿，看完后沉默了一会儿，最后面色严肃地说："陛下果然是陛下，没有什么事能难倒您，您看您就连作这样一首蹩脚的诗都是这么不同凡响。"在大诗人眼中，国王做的诗显然是非常糟糕的，但是直接这样说，无疑是在挑战国王的权威，但是恭维的话，他也说不出来，所以这样诙谐的表达，反而让人耳目一新，既保留了国王的面子，又委婉地表达了批评，这样一举两得，批评也不会那么刺耳了。总之，批评在说话里面是一门很深的学问，需要我们用心去学习，才能掌握其技巧，更好地方便与人的沟通。

表达秘籍

1.幽默地批评。彼此在轻松、舒适的氛围里交谈，双方都会得到满足，这个时候，对方对我们的批评也会让我们更加乐于接受。

2.巧用暗示。对有些不便说出口的批评，我们可以给对方一定的暗示，这样既给了别人面子，又不会伤害到两个人之间的关系，可谓一举两得的好办法。

3. 由己度人。我们在和别人交流的时候，发现了别人身上的错误，可以把别人的错放在自己身上，只要我们一开口，对方就会立刻意识到这其实是在提醒自己，他就容易改正错误了。

·分清场合，维护他人尊严·

批评别人的时候，除了注意说话的方式方法，也应该注意批评的场所。私下里的批评和公共场合的批评，其带来的效果显然是不一样的，我们应该清楚在什么场合能批评、什么场合不能批评。掌握了这一点，再加上我们的正确表达，批评才能发挥出最好的效果。公共场合，是一个特殊的地方，我们在这个地方一定要注意自己的言行举止，因为如果随意发表一些不实言论或者说一些不好听的话，那么就会给别人留下一个糟糕的印象或者伤害了别人。

人都是好面子的，有的时候，面子这东西比什么都来得重要。假如我们在批评别人的时候，伤到了对方的尊严，让他觉得丢了面子，那么不但达不到提醒的效果，还会让人心生怨恨。所以我们在批评别人的时候，一定要分场合去说，而不是说一些让对方难堪的话。

老王是公司的老员工了，他在公司工作的这么多年时间里，一直兢兢业业地做好自己的本职工作，而且为人和善，不管是同事们还是领导提到他人的时候都是赞不绝口。但是前些天老王为了孩子的问题发愁，所以工作的时候思想开了小差，以至于犯了一个非常严重的错误：他把客户订购的价值五千元的货物发出去之后，核对订货单时才发现自己发错货了，客户要的不是刚才发走的货物，而且发走的这批货价值远远超出了客户所给的资金，这一错误无疑等于给公司造成了很大损失，可货物已经发出去了，做什么都晚了。同事们知道了这件事都暗暗为他担心，虽然平时领导十分好相处，但是出了这么大的事情，他们也不会轻饶的吧。恰巧第二天公司要开例会，老王已经做好了被批评的心理准备。领导开会的时候还是和往常一样，听了大家的工作总结，然后对同事们提出的问题给出了一些建议，最后鼓励大家努力工作，照平常来说，会开到这里就可以散了，但是领导不发话谁也不敢说走。领导环顾一周，然后把目光重新放在了老王身上，老王当即就觉得完了，同事们也都感受到了暴风雨来临前的宁静。"老王，你说你在公司多少年了？""十九年了。"老王回答。"十九年了，"领导又重复了一遍，接着话锋一转质问道："你都在公司十九年了，难道不知道要给客户发什么货吗？这么低级的错误，你都能犯，还想不想在这干下去了！"老王脸突地一下红了，也不知道是尴尬还是气愤，他着急地说："领导我是因为……""我不想听你解释什么，做错事就是做错事了，不要找那么多的借口，如果人人做错事都向我解释原因，那我还要不要管理公司了？"老王还没说完的话就在领导的斥责声中打断了。会议室的其他人就是想帮老王也都是心有余而力不足。"总之这件事，我不管你有什么理由，都必须给公司一个交代，要不然你就辞职吧！"领导扔下这句话就走了。领导走后，大家七嘴八舌地议论开来了，大部分都是在安慰老王，老王心里越发难受了，这可是自己工作了十几年的地方啊，这里的一切自己都是那么的熟悉，那么的亲切，难道真的要走？最后老王还是离开了公司，在他走之前，赔偿了给公司造成的亏损，然后他还顺便做了一件事——把一封检举信寄到了董事长办公室，在老王离开公司后不久，那位批评老王的领导也被解雇了。而事情的起因其实很简单，老王的儿子大学第一场考试就考砸了，自己没忍住批评了他几句，结果儿子和自己犟了几句，弄得老王心里有点堵，儿子也不理解，所以老王才会在发货时没有认真看清，以至于发错货了。要是这位领导不在会上批评老王，而是私底下问清楚事情的原因，两个人商量找出解决的办法，那么公司就不会损失一名优秀的员工，这位领导也不会由于老王的检举而丢了工作。所以我们在批评别人的时候，一定要注意给对方留面子，尽量不当众批评，对方知道我们的意思了，才愿意从心底里纠正错误。

不管是学生、老师、职员、顾客还是领导，几乎每个人都被批评过，这是在所难免的事情，有的时候我们接受了批评，但有时候我们拒绝别人的批评，可能是因为对方的语气、态度问题，而有时却是因为对方没有注意场合引起的。要知道，真正聪明的人，不会不分场合批评别人，因为这是一件愚蠢的事情，不但达不到目的，还会起到反作用。批评别人的时候，也要尊重别人，别人有做的不正确的地方，指出来就好，但是也要注意场合是否适合批评，当着许多人的面批评某个人，往往会让对方心中产生极大的落差，觉得自己受到了伤害，这是别人不尊重自己的表现。这种情况在我们的生活中经常能看到，公众场合是一个特殊的场所，在这个地方存在着形形色色的人，在这里几乎所有人都想向其他人展示出自己最完美的那一面，所以要在这个地方批评别人，势必会让别人心中万分不悦，产生防御心理。批评别人的时候，一定要尊重对方，在有的不适合批评的场合下，可以先把批评放在心中，待合适的时机再说出来，也可以抽一个双方都有空的时候，找一个相对安静的场所，坐下来好好谈一谈，以达到纠正的目的。

孩子犯了错，也尽量不要当着外人的面批评他，因为这样会让孩子情绪化。可以在晚饭之后对孩子进行思想教育，让他意识到自己的错误，而不是在有其他人在的时候教训孩子，这样既可能破坏了交流的氛围，还会让孩子产生逆反心理：你越是不让我这么做，我就偏要这么做。在外人面前批评，也会让孩子的自尊心、自信心受到很大的打击。老板批评员工也是一个道理，如果董事长当着所有人的面批评总经理，总经理面子上一定过不去，将来还怎么能领导别的员工，又如何能服众？即便是关系非常要好的朋友，批评的时候也要想想：如果是自己这样被人批评，能不能接受，如果答案是否定的，那就应该及时地更换方式方法，否则让对方下不来台，两个人的关系也必然受到影响，人际交往就没那么顺心了。

表达秘籍

1. 给他人留面子。批评对方的时候，要尽可能地给人留面子，不要图一时口舌之快，让别人丢了面子，那么对方为了挽回尊严很有可能会做出过激的行为，到时候就是两败俱伤的境地了。

2. 尊重他人。我们在与人交谈的时候，一定要对对方表示尊重，如果我们不尊重他人，那么即便是赞美的话对方也会觉得我们是在反讽，更何况是要批评的话。记住一句话：尊重别人才能赢得别人的尊重。

3. 学会将心比心。在我们要批评别人之前，先假设自己是对方，我们的批评能不能让人接受，如果自己都不能接受，就更不要指望别人能接受了，调整自己的语言，摆正态度，心平气和地批评，才能起到作用。

·迁回之术，曲线救国·

批评别人且被对方接受，这并不是一件容易的事。批评这门艺术，用得好了，也能像批评一样拉近彼此的距离，用得不好容易会让自己的人际关系变得紧张，所以学会批评很重要。

有一位作家，坚持写作十五年，像所有未成名前的作家一样，这位作家也曾写过无数的作品，在不断的练习和积累的过程中，慢慢提高了写作水平，然而即便他已经声名大噪了，却没有失掉自己的本心，依旧稳定地发挥着自己的水平，更为难得的是他并没有迷失在掌声中，总是保持着自己谦虚的品德。他曾在自己的一本书中评价自己，花了十五年的时间却忽然发现自己并没有什么写作能力。有一个人看到这里就给这位作家写了一封信，上面的内容是告诉作家既然没有能力，就不要再写了。一般人听了这种话一定会很生气，十有八九会出言批评对方的浅薄，但是这位作家并没有这样做，他给写信的人回了一封信，他遗憾地告诉那个人：自己已经没办法放弃了，因为太晚了，自己名气太大了。后来这件事还登上了报纸，被许多人所知道了，大家纷纷称赞这位作家有智慧。原本这位著名的作家，可以直接批评读者，但他并未直接批评，而是采用了迁回的策略，既保护了写信人的面子，比直接批评来得更为深刻，而且也巧妙地维护了自己的名誉，这就是迁回战略的好处。

人们之所以拒绝接受批评，大致可以归为两方面的原因，一方面是因为批评的人只看到了他人的错误，却没有认真想过：当事人之所以出现这样的情况到底是什么原因；另外就是批评者不管是有意还是无意，在批评他人的时候，总会不自觉地把自己放在一个制高点，这就会让受批评的人心中产生一种低人一等的感觉，但不管是哪方面的原因，被批评者都是难以接受这样的批评的。想让对方接受，就应该改变自己的说话方式，提高说话技巧，当你尊重他人时，也会受到他人的尊重。想一想自己批评他人的时候，语气是怎样的、态度又是怎样的，如果是恶劣的语气，对方一定会很难接受，本来受到批评就是一件让人难过的事，现在又被粗鲁地对待，对方必然很气愤，哪里还会有理智再去听自己的错误。所以说批评别人的时候，应该有一些小技巧，这样才能达到想要的效果。

建筑工人在工地的时候，为了安全考虑，都必须佩戴安全帽，但是夏天的时候，天气非常酷热，原本干活就十分辛苦，再戴着帽子会更觉得炎热难忍，因此很多人并不愿意戴帽子，有的人是忘记了这件事，这样一来戴着安全帽工作的人就更少了。面对这种情况，怎么做才能让他们心甘情愿地戴上帽子？一位负责检查安全帽的人员，看到这一情况，严肃地批评了没有戴安全帽的工人，并且要求他们必须把帽子戴着，当着他的面工人们虽然心中不悦，但还是戴上了帽子，只不过他前脚刚走后脚大家就会把帽子脱下来。检察人员批评几次之后，发现效果并不好，大家不戴帽子的照旧不戴，所以他就开始想别的办法。再次去工地的时候，他问那些工人们：是不是帽子戴着不舒服，要是不舒服或是大小不合适的话，他可以向领导汇报，重新定做安全帽，工人们忙说没有。然后他在跟大家聊天的过程中说起了他其实也不喜欢戴安全帽，觉得戴着它有束缚感，而且还很热，工人们纷纷表示赞同，但是他话一转弯说起了安全帽的保护作用，让工人们明白：戴上安全帽是为了自己的安全考虑，毕竟一旦出了事故，再说什么都太晚了，所以他的建议是大家工作的时候都能戴上安全帽。听了这话的工人们，心中纷纷敲响了警钟，之后忘记戴帽子的人越来越少了。简单粗暴的批评，并不能让人心服口服。人们时常说："方法总比困难多。"所以如果直接批评的方法不合适的话，我们不妨试着找一种迂回的策略，虽然过程可能会有些曲折，但是这种方法的效果却远远优于前一种方法。

美国有一位名叫卡尔文·柯立芝的总统，他是一个不太爱说话的总统，这一点许多人都知道，但是他不喜欢说话并不代表他不会说话，更多的时候是他不想说话。这一点在他面对一个棘手的问题时，他会用自己的智慧顺利地解决这些事情时就能看出来，因而即便他话说得少，人们依旧对他十分尊敬和爱戴。卡尔文·柯立芝身边有一位面容姣好、身材也很好的女秘书，当时有不少人都会羡慕总统有这样的好福气。然而在总统眼里，事实却并非如此，所以说这也不是什么好福气。因为很多事情都是：看起来很好。就像这位女秘书一样，女秘书虽然长得漂亮，但是她身上存在着一个致命的缺点，那就是她在工作上经常出现一些问题。虽然说这些问题不是什么大事，也没给总统造成什么困难，但是如果不批评她，让她继续错下去，谁也不能保证将来不会出什么大事。女秘书除了这一点之外，几乎没有什么不好的地方，总统很欣赏她的办事能力，否则也不会把她留在身边了。所以这点不好的地方，一定要指出来，让她改正，但是话不能说得过了，否则伤了下属的心。某天，女秘书敲了总统的门，在经过允许后进门，准备交给总统一些文件，在她马上走到总统办公桌前的时候，总统抬头看了她一下，然后说："你今天这身衣服很漂亮，特别适合你。"总统可从来没这么说过话，女秘书一时受宠若惊，有些呆愣，只听总统又说道："假如你的工作能像你今天的穿着一样，那就更好了。"就是这样算不上批评的批评，在之后的日子里，让女秘书的工作效率空前地好，出错的次数也越来越少。对此总统觉得非常欣慰。

如果明知一条路走不通，那就趁早放弃，寻找新的道路，条条大路通罗马，所以直着行不通那就弯着来，总会有办法的。批评别人也是一样的道理，当我们找到了正确的途径，就能让批评也能被人心甘情愿地接受，而且还能把伤害降到最低，甚至将消极情绪转化为积极力量，激发人的热情，让人朝着更好、更完善的方向发展。

表达秘籍

1. 不直接批评。不管是对陌生人还是我们亲近的人来说，批评都是较难接受的，即便有了心理准备，听到耳朵里的时候，心里还是会不开心。所以我们可以避免直接批评，而采用迂回的策略，这样会使人更容易接受，也能把伤害降到最低。

2. 欲抑先扬。需要批评人，但是苦于没办法说出口，不妨先试着夸赞对方身上的某个优点，然后由这个优点引出对方的不足，这样会让他人欣然接受，并且愿意改正。

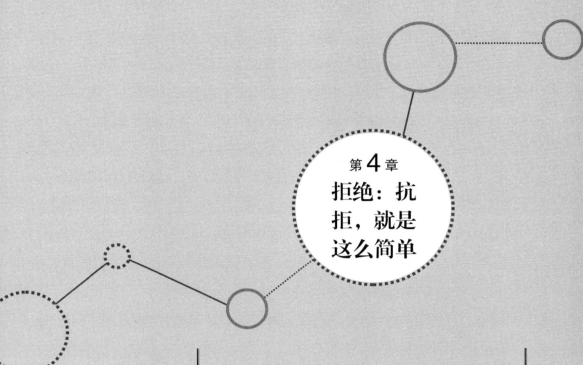

第 **4** 章

拒绝：抗拒，就是这么简单

　　当我们有求于人的时候，不一定每一次都换来别人的同意，同样的，当别人需要我们帮忙时，我们也不见得都能做到。面对这些情况，我们就被别人拒绝或是需要拒绝别人了。拒绝虽然容易让人心生不快，但是我们也可以让人不尴尬。

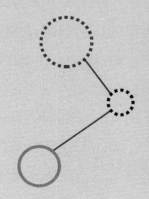

·拒绝也可以不失礼·

"你帮我把这份文件送到总经理办公室，加急！"同事这么跟你说，虽然你现在并不是太忙，但是你不想接受这个委托，因为这份文件一直在修改，拿去总经理那里，万一再被批评了怎么办？"老公，我出了车祸，现在自己在医院，你来陪陪我吧。"老婆给你打电话跟你说明这一情况，但你这时候正要去谈一场生意，这次的生意是老板特意叮嘱过的，偏偏这时候身边又没有别的亲戚，这时候是去陪老婆还是谈生意？朋友让你帮个忙，但是他不清楚这个忙需要你花费很大的时间和精力，面对朋友期盼的眼神，你是帮还是不帮？我们每个人生活中都会遇到类似的问题，通常是"鱼与熊掌不可兼得"的情况下还要做选择，人的心理就会产生一种冲突，心理学上将这种冲突称之为"双趋冲突"，即当两个具有同等吸引力的目标出现时，个体就会产生难以抉择的心理，这个时候不管做出哪种选择，人的心理上都会有不舒服的感觉。

以上情况我们不管是答应对方还是拒绝对方，都要好好和对方交流，否则会影响两个人的关系。对同事提出的要求，我们如果要拒绝，绝对不能直截了当地告诉他："凭什么要我干这种苦差？这种吃力不讨好的事情我才不去，要去你自己去！"这样说话会直接影响到两个人的关系，而且但凡有点情商的人都不会这么说，毕竟以后大家还是要在一起共事的，即便做不成朋友，也没必要让别人因此记恨上自己。因此不想做对方请求我们做的事时，应该拒绝他，但是拒绝的时候也不能不顾一切，想说什么就说什么。首先就应该有一个正确的态度，心平气和地和别人"说不"和粗暴地"说不"，这两种方式相比较，显然前者更容易让人接受，如果自己不愿意做某件事，但是对方并不知道，他以为我们可以帮忙，结果我们拒绝了他，对此他的反应一定是难以接受的。但是相信我们把自己不能帮忙的原因说出口后，大部分人还是能接受的。有礼貌地拒绝对方，既能避免两个人之间的尴尬，也能让对方的失落心理有所缓解，及时地将伤害降到了最低。

　　一般而言，人在生病的时候，心理都是比较脆弱的，即便是平时表现十分坚强的人，也难免会觉得难过，需要别人的关心和陪伴。面对出车祸躺在病床上的妻子，身为丈夫是把她一个人放在医院还是放弃手上的工作去陪伴？通常情况下，人们在面对两个都会给自己带来伤害的事件时，更容易选择伤害值小的那个，根据人有趋利避害的本能可知：同时面对两种危险时，一般人都会选择把伤害降到最小。那么我们在生活中面对类似的事情时，应该做出什么样的选择？实际上套用一句老话就能解决这个问题，那句老话就是："事有轻重缓急"，按照这句话去做基本上是不会出错的。首先应该分清楚这两件事哪件事更重要，如果妻子车祸较严重，这时候身为丈夫显然应该先放下手中的工作，向老板说明自己不能去谈生意的理由，相信老板在了解了事情之后也不会不通情理地要你去谈生意了；如果妻子的病不严重，这时候好好安慰妻子一下，打电话给身边的朋友，让对方先去照顾妻子，自己谈完生意第一时间赶去医院。应该注意的是，虽然自己向妻子表明自己暂时不会去医院，但也应该表示关心，并说明自己暂时不能去的原因，不能为了工作的事就忽视了妻子的感受，否则妻子知道你为了工作不去看她，就会觉得你把工作放在了比她还重要的位置上，因此即便是要工作也别忘记了她的感受，只要让她感受到她还是被重视的，那么你拒绝的理由她也一定会接受，否则就会出现极端的结果，要么她觉得你不关心她，要么你觉得她无理取闹。学会拒绝是一件很重要的事情，更重要的是怎么拒绝才能不失礼貌，而且让人心甘情愿地接受。

身边的朋友有事找你帮忙，但是这个忙对你来说比较困难，如果非要去做一定会耽误自己很多时间，或者以自己的能力而言，其实办到的可能性不是很大。可能许多人不会实话告诉自己的朋友，因为面子问题或是其他原因。但是拒绝这一请求是必然的，如果耽误了时间还没把事情办好，就是白白浪费了光阴，人们对于拒绝往往难以启齿，觉得这是件不好的事，好像说出口就会对两个人的关系产生不好的影响，但是事实上却并非如此。首先，我们向朋友说出了自己做不到的理由，这样的拒绝是可以被人接受的，朋友就会去寻求别人的帮助。假如朋友因为你没有帮助他而斤斤计较，那么这样的朋友就不能称之为朋友了，毕竟每个人都有自己的难处，当你说出口的时候，朋友会体谅的。其次我们拒绝请求，也让朋友知道了自己帮不上忙，可以及时地把求助对象转向他人，避免因为时间问题而让事情耽误了。最后，如果觉得拒绝朋友之后心中过意不去的话，可以帮他想想办法，例如介绍自己的朋友给他认识，增加成功的概率，可以和朋友说自己会尽力帮忙，话说到这里，不管最后事情能否办成功，我们和朋友的关系都不会受到影响，相反，还可能因为这一事件让我们的友谊更加深刻。

也许很多人觉得拒绝别人，尤其是自己身边亲近的人是一件很困难的事，这会把两个人的关系弄得很尴尬，而且自己也不会说"不"，其实事实并不是这样的。由于我们个人的能力有限，或者由于时间等问题，对别人提出的请求，超出自己能力范围或者会占据自己大部分时间而不能去做的事，我们就应该勇敢说出拒绝的话，否则不拒绝别人，为难了自己也没有帮别人办成事情，反而会落一个失信于人的骂名。有时候也会忍不住抱怨：把自己的事放到一边，去帮别人的忙，也许起初的时候对方还会很不好意思，会多次道谢，但是时间一长，别人就会习惯了，有什么事总找你帮忙，如果我们这时候再拒绝，别人就会生出不平衡的心理，所以为了避免这种情况出现，我们在某些时候应该学着拒绝。我们每个人都会被别人拒绝，也会拒绝别人，但同样是拒绝，有的人拒绝之后和身边人关系依旧和谐，而有的人则在说出口后，失去了许多人，这其中的差别就在于怎么说出拒绝的话。要知道，即便是拒绝，我们说出口的话依然可以是礼貌的、不会让人觉得难受的，所以拒绝别人是一件有技巧的事，用对了就能解决问题，用错了则会让事情发展到难以收拾的地步。所以当我们向别人说出拒绝的话时，一定要有分寸，不是说想说什么就说什么的，而是注意自己说话的语气、态度，还要保护他人的自尊，避免让彼此陷入窘境，毕竟我们只是想拒绝别人，并不想和谁为敌或者被人怨恨。

表达秘籍

1. 注意态度。即便是拒绝的时候，我们的态度也应该是平和的，而不是暴躁的或者带有不良情绪的，否则会让对方觉得十分没面子，或者是你压根儿就瞧不起他，这样的话必然会影响两个人关系。

2. 清楚地表达。婉拒别人的时候，一定要和对方说清楚拒绝的原因，是你能力范围之外，还是说你的确没有时间去做，不要让对方根据你模糊的话语猜测原因，否则很容易产生一些误会，到时候才真的是有口难言了。

3. 做另外的安排。在对方请求帮忙而自己确实帮不到的情况下，条件允许的话，可以自己帮他想办法。比如我们去一家公司面试，但是落选了，面试官觉得你是个人才，只是不适合他们公司，他拒绝你了，所以内心有一点惭愧，可能他会告诉你另外一家公司，说这家公司现在正缺你这样的人，如此一来，即便最初没有被录取，但你还有其他的出路，这样也不让人觉得被拒绝心里太难受了。

·想说"不"的时候如何说出口·

有这样一种人，他们和人相处时，总希望能让他人满意，对于别人让他帮什么忙或者办什么事，总是尽自己的一切去做，甚至会为了别人委屈自己。这种人其实活得并不开心，勇敢地向别人说"不"并不是什么难事，并不是说，别人说了什么，我们就一定要照做，也不会说拒绝别人是什么罪大恶极的事情。学会说"不"不仅不会让自己有犯罪感，而且也是对他人的负责。

帮不了的忙，就不要答应；办不到的事，就不要承诺。别人提出的请求，如果违背自己的原则或是自己的确不愿意去做的话，就要我们和别人说"不"了。前面我们提到了说话是一门艺术，拒绝别人同样是说话的一种，所以怎么拒绝，如何拒绝，才能把伤害降到最低，是我们应该学会的。

拒绝别人的时候，一定要注意自己的态度，包括说话的态度和表达方式。老李最近不太顺心。原本在公司工作几年，有着一定经验的老李，做起工作来还算是得心应手的，但是最近这个月公司股票增值，这固然是件可喜的事情，不过随着增值而来的是报表、账单等东西的成倍增加，事情一堆积，人就容易暴躁，老李也不例外，所以他的心情糟糕到了极点，看什么都是不顺眼的。偏偏不凑巧的是，顶头上司找他，希望他去替公司到外地参加一个会议。要是放在以前，老李一定十分积极，但现在这种情况，老李肯定不想去参加，虽说这是一次机会，但是他目前的状况并不适合再接手别的工作了，这时就会出现两种情况了：第一种情况，老李的烦躁延续到了上司的身上，他直接说："我这边已经一大堆工作做不完了，这次就让别人去吧。"上司一定会觉得：交给你这么点事你都推辞，以后还怎么能对你委以重任？况且不给上司好脸色的人，无异于在拔老虎须了。有时候机会是稍纵即逝的，这次不能好好把握，以后可能就不会再有这样的好机会了。或者就是老李先向上司表达感激之情，然后讲清楚自己的难处，希望换得对方的理解，通常上司在了解这些情况后，站在公司的角度考虑，也会觉得老李不适合再去做别的工作了，因此就不会再安排其他任务了。第二种情况就是，老李咬咬牙接下了这个任务，但这也意味着他要在原本就不充裕的时间中，再花出一部分时间去研究、整理开会需要使用的资料，一个人的精力毕竟有限，其结果可想而知。但不管是哪种选择，往往都难以让事情两全其美，甚至有可能一件事也做不好。这样一来，在老板眼里，你就是个无用的人，事情严重一些的话，可能会面临被辞退的结果。所以说，学会说"不"很重要，不要觉得说出拒绝的话会不好意思，明知不可为而为之，不是勇敢，是鲁莽，到头来不但没有帮到别人的忙，反而会被人埋怨，如此一来就是得不偿失了。

小何是某公司的一位优秀的部门经理，最近这几年，小何凭着自己独到的目光和优秀的团队协作，使得该部门成为公司人人向往的好地方。某天小何在工厂视察工作的时候，接到了一个电话，电话那头的人正是曾经提携过自己的老上司，对方打电话来，寒暄了几句，开始切入正题了。原来是要给自己部门安排一个人过来，小何心想：能让这么个大人物开口的，必然不是普通人，虽然老上司只是询问他能不能接收这个人，但其实意思已经很明显了。上司都这么说了，自己总不能得罪人吧，于是小何说先让对方来面试一下，看看情况。而最后的结果是，这个人离部门需要的人才相差甚远，就是勉强迁就也没办法。小何左右为难，一面是曾经待自己不薄的老上司，一面是公司的严格要求，这位应聘者并不符合自己的部门，正在小何冥思苦想之际，他脑中忽然灵光一现，出现了一个绝妙的主意。面试之后，小何带着老上司和应聘者三个人一起参观了工厂。重点介绍了部门各个分支的职能以及公司的章程。然后他并没有急着说不接受这个新人，而是先向老上司汇报了最近自己部门的运作情况和近期的业务等。说完这些，小何又说道："老领导，这几年我们部门之所以能够发展得这么迅速，离不开您的领导作用，不管是我自己还是部门里的其他员工，我们都非常感谢您，如果没有您的带领，我们也不会有现在这么好的业绩。上个季度，在您的带领下，我们把部门的规章制度和用人说明又完善了一下，获得了很好的成效，我们随时接受您的监督。您带来的这位应聘者，他所掌握的东西和我们部门不太匹配，我们也担心留下人家到头来是害了他。我会关注适合他的岗位，如果有的话，我尽量安排他去，您看这样安排行吗？"不难看出，小李是个十分会说话的人，他先是赞美了老领导——部门的发展离不开他，让领导觉得自己受到了尊重，年轻人不是飞黄腾达以后就翻脸不认人的人，接着用领导修订的公司章程解释：不是我不想接受这个人，只是我们这里有规定，而且他也的确不适合我们公司。小何是部门领导，老上司同样是领导，所以他十分清楚这里面的东西，也就不会再强人所难了。那位求职者虽然被拒绝了，但是他也不会觉得太丢面子，毕竟人家的话已经说到这份上了，作为过去帮过他的上司都说服不了，自己也不能再强求什么了。

其实只要掌握了表达技巧，心平气和地和对方说清楚自己办不到的或做不到的原因，那么拒绝也不会是什么难以启齿的事情。借助于第三者来说明自己的难处，让对方了解到自己也是有苦衷的，求人办事的人不容易，但是被求的人也没那么简单。面对陌生人，我们很容易说出那个"不"字，但是反而越亲近的人越是不好开口，就怕驳了对方的面子，伤害了彼此的感情，但其实不是这样的。对于朋友提出的要求，如果自己做不到或者违背自己行为处事的方式，那么就要大胆地拒绝，不要觉得自己拒绝了朋友，朋友就会对你置之不理或者和你不相往来，因为真正的朋友是平等的，没有谁欠谁的，他请你帮忙，你帮了是因为情分，不帮也不必觉得内疚，只要和对方说清楚原因，万事都是可以商量的。假如真的有朋友因为你拒绝帮他忙而疏远你，那么你该庆幸，自己认清了一个人的庐山真面目，这样的人没有资格做你的朋友，所以完全不必为此感到沮丧或不安。对亲人和爱人也是如此，正因为这些人爱你，所以在说出拒绝的话才不必担心他们会离我们而去，比起陌生人，他们更理解我们，只要我们好好和对方谈，相信他们都能理解。

表达秘籍

1.即便是拒绝也要平和地说。不要在别人刚说出一句请求的时候，就打断他，说自己做不到，认真倾听他说的话，在他说话的时候，你也有充分的时间想出更合适的理由婉拒他，而不是冷冷地说出那句："对不起，你找别人吧，这个忙我帮不了你。"这样一定会伤到别人的自尊，甚至会让对方产生怨恨心理，所以有什么话一定要好好说。

2.试着赞美拒绝。在别人请求帮忙的时候，先不要回答是同意还是不同意，而是借助于赞美对方，再用他自己说过的话来巧妙拒绝，这样一来，不仅不会让对方觉得尴尬，也会让人觉得你是一个有心的人。

·拒绝前多想想，拒绝后不要想太多·

有很多人都属于矛盾混合体，也可以认为是选择困难症，看到一件东西，买的话觉得没什么用，不买的话回头又一直惦记。反正就是不管怎么选，到最后心里都会觉得不舒服。这种不舒服，在拒绝别人之后变得更加激烈。

有一句话叫"做人留一线，日后好相见。"在别人给我们提出某个请求的时候，我们首先要考虑的问题就是：这件事能不能接受。倘若在自己的能力范围之内，而且自己也刚好能帮到别人的忙，那么这就是举手之劳的事，帮助了别人，也会快乐自己，可谓一举两得。但是如果这件事需要我们牺牲自己的某些东西才能帮到他，这个时候就可以选择拒绝别人，但是拒绝的时候也不能一针见血，有时候人就是这么奇怪，即便明明是对方要我们帮忙，我们不帮他，反而会让他觉得愤怒。所以说我们在拒绝的时候，要注意自己说话的语气，切不可让人觉得是自己冷酷无情才不帮忙的。

每个人都曾经请求过对方帮忙，也曾被别人这样请求过，但不是每一次的请求都能得到"同意"的结果，所以拒绝别人或是被别人拒绝都是在所难免的。有的人可能对说"不"感到难以启齿，因为他们担心这样说出来会给双方带来不好的影响，尤其是关系亲近的人，更难说出口，如果为了答应别人的请求就委屈自己，也不是长久之计。在一些情况下，我们必须拒绝别人，有时候直接拒绝，有时候方式应委婉，这样既达到了拒绝的目的，又避免了尴尬。

那么，当别人提出请求的时候，我们就一定要接受或是拒绝吗？当然不是，我们应该根据实际情况来决定自己是否答应。首先，当别人向我们提出请求的时候，我们应该认真思考一下：这个事情自己能不能做到、会不会让自己特别为难等，把大致的情况考虑清楚后，再回复别人，如果能做到，那就答应，然后尽自己的努力去完成这件事；倘若不能做到，也及时地向对方表明自己的态度，说明自己不能做到的原因，相信只要对方是个通情达理的人，就一定能理解我们的苦衷，也不会有什么不愉快。如果我们说明了自己的难处，对方并不理解，只能说明对方是个自私的人，这样的人也不值得我们去帮助，所以更没必要不开心。总之不管是接受还是拒绝，都应该考虑清楚再回复，不要因为一时的冲动或是别的什么原因，匆忙地回复别人，最后不但没有好结果，而且还有可能让自己犯下大错，所以为了别人、为了自己，我们都应该认真考虑再做回答，这是尊重他人的表现，也是对自己的负责。

如果在深思熟虑后，发现自己不能答应对方的请求，或是自己有别的原因无法答应时，就应该拒绝这一请求，至于说出口的话如何把尴尬降到最低，这就是拒绝时我们要使用的技巧了，自己确实无法提供帮助的时候，可以直接向对方说明情况，不应该因为担心驳了对方的面子，一直躲躲闪闪，更不能答应了对方，事情明明做不到，让对方知道后，他只会觉得我们是个不讲信用的人，这样造成的后果显然更糟糕，所以该说"不"时就说"不"，拖泥带水只会让事情变得更复杂。

再者，如果在拒绝前已经想清楚，并且和对方说明白了，那么就不必再把这件事放在心上了。有的人不好意思拒绝别人，总是想方设法，哪怕自己晚上不睡觉也要帮别人的忙，久而久之，大家就会觉得你是一个"好人"，于是越来越多的人回来找你帮忙，然后你感觉自己力不从心了，好不容易开口拒绝，你在别人心目中的形象就会一落千丈，甚至有的第一次找你帮忙就被拒绝的人，心里会想：他是不是看不起我？要不然怎么别人找他帮忙他都帮，就不帮我。更有甚者，直接当着你的面说你这个人自私之类的。于是敏感脆弱的人心里又会想：我这么做是不是不对？别人那么说我，我该怎么办？朋友会不会因此和我绝交？等等问题，你越想越难受，陷入深深的痛苦之中无法自拔，其实大可不必如此。

别给自己过大的压力，不管是答应对方还是拒绝对方，都应该做到心无旁骛，如果答应了那就好好做，不用考虑万一没做好怎么办，做的事对方不满意怎么办。这些问题都不是最重要的，最重要的是眼前的事，我们要做的是尽自己的努力把它做好，如果过程问心无愧，那么结果自然也不会太差。拒绝别人后也别担心，我们既然已经拒绝了别人，那么这个请求或是这一事件，在我们这里就已经画上了一个句号，虽然这个句号可能并不圆满，但也是结束了，别人自然会去找其他的人帮忙，是断然不会吊死在我们这一棵树上的，更不用担心因为我们拒绝了别人，影响两个人的关系，因为一件事就使得我们的关系变得生疏的，这样的人必然不是我们真正的朋友。朋友都是互相体谅的，我请求你帮忙，你能帮我我会十分感谢，心有余而力不足的话，我也不会因此记恨你，这样的朋友才是真正的朋友。如果为了答应别人，做了自己做不到的事，这显然不是明智的选择。

每个人成长的过程，其实就是拒绝别人、被别人拒绝的一个周而复始的过程，在这个过程中我们慢慢地才变得勇敢、变得坚强。过去的事之所以称为往事就是因为它已经是木已成舟的事实，既然不能改变，又何必纠结那么多，还不如把目光放到未来。每个人选择前都应该明白：没有人能强迫自己，所以不管做了什么选择都是自己的选择，结果是好还是坏都不必太过在意，如果是好结果当然令人开心；但若是相反，也不必为此伤心，毕竟不管多大的事情都会成为过去。希望每个人都能成为"在选择前有一张坚定的脸，在选择后有一颗决绝的心"的人。

表达秘籍

1.考虑清楚再做决定。有的时候，发生某件事情可能完全是因为一个意外，多数人脑门一热说出口的话、办的事往往最伤人，所以拒绝之前，一定要多思考，想好了再回答，这样会让犯错误的概率大大降低。

2.该出口时就出口。不要害怕拒绝别人是不对的，不能做到，就要拒绝，给了别人希望再让其失望，还不如直接失望来得痛快。该说"不"的时候，不要吝啬，不要胆怯。

3.结束后不必多想。拒绝别人已经是过去，与其花时间后悔自己当时说话语气不好、伤害别人，倒不如把这些时间拿来充实自己，多去看一些书籍，了解更多的知识，当你的心理强大的时候，你就会成为自己的英雄。一个做事瞻前顾后的人，不会被人喜欢，自己也不会喜欢。

·这样做，不得罪别人，也不委屈自己·

从小到大，我们一定经历过许多需要拒绝别人或者被别人拒绝的事情。而有的时候，我们明明应该拒绝的，但是却接受了。我们之所以不拒绝别人，有很大一部分原因就是因为：接受往往比拒绝要简单许多。人不可能永远不会拒绝别人，也许刚开始的时候，说出拒绝的话会很艰难，但是我们总是要跨出这一步的，就像小孩子学走路一样，学会之后只会越走越快。但是拒绝也有很大的学问，我们要学的就是怎么样的拒绝既不会让对方心生芥蒂，也不会让自己委屈。

面对领导以及一些专业人士，他们说出的话，我们并不赞同，对于他们向我们提出的要求，我们应该拒绝的，但是对这些人的拒绝，我们说的话一旦让人难以接受，不但会给对方造成不良影响，还会让自己陷入一种危险的状态中。那么怎么拒绝才能避免这种情况发生呢？答案就是以退为进，即在对方提出要求的时候，我们先表示自己的意愿，让对方知道自己十分愿意这么做，然后再对这件事说出自己做不到的原因，相当于给对方一个缓冲期，会大大降低尴尬的感觉，因为我们表明了同意，就使得对方在心中认为我们是和他同一战线的，然后再由这个事件引申出自己的不同意见，这样既给对方留了面子，又能表达自己的拒绝，可谓一举两得，所以这种方法在拒绝别人的时候，是一种非常有效，而且经常被使用的方法。与这个办法类似的有通过赞美表达拒绝。被拒绝的人心中之所以感觉难受，主要可以划分为两个方面的原因，一个就是因为自己的请求没有被接受，所以心中难免尴尬。第二个就是产生一种"我在别人心里不重要"的结论，这两者加起来人的心中自然就产生一种难受的感觉了。但是与前面的这两个原因相比，人们更不愿意让自己的心理受到伤害。所以拒绝别人之前，不妨先去赞美他，通过赞美对方的心理上就会不自觉得到一种满足，之后再说出拒绝的话，对方的抗拒心理就不会非常强烈了。

可能有的人认为拒绝别人是一件比较严肃的事，但有时候我们拒绝别人的时候也可以试着轻松一些，这样说出来的话既让对方明白自己的拒绝，又不至于让场面变得太尴尬，这可以算是比较好的拒绝方法了。不会或是不擅长拒绝别人的人，往往会因为答应了别人而委屈了自己，总是强迫自己做一些自己不愿意做的事情，对于这种人而言，他们往往不擅长说出拒绝的话，这种情况下可以尝试拒绝。先在心底问自己：如果不拒绝有什么严重的后果，对自己的生活、工作有什么影响，一旦发现接受别人的请求会给自己带来不利的影响时，就有勇气拒绝别人了。接着自己在平时可以多加练习，可以对着镜子或是墙壁，说出那些拒绝别人的话，一次不行就两次，经过多次的尝试之后，当真正面临拒绝别人的情形时，就不会因为说不出口而再一次妥协了，哪怕说出拒绝的话时会不顺利，但至少能向对方表达自己的意思，这就已经达到了目的。

嘉禾是个喜欢安静的姑娘，这一点她身边的同事都知道。有的人说别人都去参加活动了，只有她一个人不去，会让别人以为她不合群、难相处；还有的人觉得她看起来很孤单，但其实她自己真的不觉得，反倒是让她去那些闹哄哄的地方她才是真的不合群。有一次，公司派嘉禾去上海出差，她和助理刚到上海就直奔客户所在的酒店。但是因为客户有别的事情，所以她们要等通知。晚上的时候客户打来电话，约定第二天早上9点会面，第二天嘉禾早早就和助理收拾好，提前很久就去了预订的饭店。生意能否顺利谈成，除了公司的实力之外，还和洽谈人有很大关系，想要谈成生意，必然少不了好的口才和恰到好处的表达，抓住了对方的心思，提供他想要的，对方自然没有理由拒绝。当然，谈生意也免不了要吃饭喝酒，嘉禾不会喝酒，她并不想喝，但是没办法，人在屋檐下不得不低头，这是她工作的一部分她不能拒绝。好不容易合作谈成，协议也签了，对方又提出去唱歌。嘉禾这辈子最讨厌的就是唱歌，因为她唱歌之后造成的情形不亚于海风过境。这可让嘉禾犯了难，说不去显然是在得罪客户，客户会以为自己不给他面子，合作谈成就翻脸了；要是去了又会被逼着唱歌，这可如何是好？嘉禾笑着说："您要我唱歌啊，我唱歌不是一般的五音不全，就怕扫了您的兴致。"客户显然是不相信，非劝她去。没办法她又开口："我说的是真的，不信您问我的助理。"说着她扭头看向助理，助理显然是个会办事的人，于是她真诚地开口说道："我们公司如果谁犯了一些小错误，就会受到惩罚，这个惩罚不是罚钱，而是听嘉禾唱歌。""哦？听她唱歌算什么惩罚？"客户好奇地问。"因为听完我唱歌的人，他们都表示宁可被罚钱。"嘉禾看似无奈地说道。这一番话说完，客户也忍不住笑了。最后嘉禾当然没有去唱歌，客户也没有生气。有时候面对客户的要求，我们仿佛很难说出那个"不"字，怕伤了感情，怕影响合作，怕被人误会，所以很多时候我们宁可委屈自己也绝不做得罪顾客的事情。如果像上面的事例那样，只要我们拒绝别人的时候可以正确地表达，那么我们所担心的事情都不会发生，除此之外，对方会对我们记忆深刻，毕竟这么"独特"的人很难让人忘记，对方会觉得我们是个有趣的人，哪里还会强迫、怪罪我们呢？

表达秘籍

1.先同意再拒绝。这个同意不是说我们接受了别人的请求，而是在对方提出请求的时候，先试着说"我很乐意帮助你"或者"早就想……"这样的话，让对方明白，我们其实很乐意帮助他，但是出于某种原因做不到，这样一说话，别人就算被拒绝了心里也不会太介怀。

2. 用轻松的话说不。把你的难处用轻松的话说出来，能让听者开怀大笑，同时又明白你的无能无力，还不会因此责怪你不帮忙，这么多的好处，我们当然要好好利用。

3. 抬高别人。在我们对别人提出的请求无能为力或是实在没有时间的情况下，不妨和对方说："我相信凭你的能力一定能做好这件事的""我很乐意帮你的忙，但是你要做的工作需要很高的知识水平，我自己还没有达到那个水平，很抱歉帮不上你的忙，如果有下次，只要在我力所能及的范围内我一定帮忙"，这样一说，就坦白地说明了自己帮不了的原因，对方只会觉得你是真诚的，而不会说你不帮忙他就怨恨你什么的。

·拒绝四要素·

通过前面的介绍，我们可以了解到：拒绝别人的时候应该注意什么，在什么样的情境下说出拒绝才能达到最好的效果以及关于拒绝的一些方法。同时拒绝别人的时候我们也要注意几个关键点，我们称之为"拒绝的四要素"。

在我们拒绝别人的时候，首先要注意的就是自己的措辞和说话态度。即便是说拒绝的话，也要心平气和地和对方说明情况，原本别人找我们帮忙，他们也不知道我们到底会不会帮忙，所以心里面其实已经做好了被拒绝的准备，如果我们在不能帮助他人的情况下，也请先感谢对方愿意找自己帮忙，因为他们是出于对我们的信任和依赖才找我们帮忙的，然后告诉对方自己十分乐意帮忙，最后才委婉地说出自己的情况——的确是帮不了忙。被拒绝的人，心里多多少少都会有点儿不舒服的感觉，而我们按照上面的一个流程完成自己的表达后，对方往往能感受到我们的心意，也不会觉得难堪。试想如果我们在拒绝别人的时候，辞严义正地说出："找我借钱？我要是有钱还会这么拼命地上班？""没看到我也在忙吗？要帮忙找别人去！"这样的话，对方的表现无非是两种：其一是产生很深的烦躁和内疚感，然后默默说一句："对不起，打扰你了。"转身离开，这种情况尤其经常出现在那些内心极其敏感脆弱的人身上，他们原本就是不自信的、经常被忽视的群体，用这样的语气和对方说话，很有可能会让对方更加敏感和自卑。另外一种情况就是，由于我们的不帮忙，还有说话语气不太好，对方会恼羞成怒，甚至大声责问你："你这个人不帮忙就不帮了，说话用得着这么难听吗？我就不相信你从来不求人！"然后怒气冲冲地离开，留下一头雾水的你：这年头，借钱的人比被借的人还有理了吗？不借钱还是我对不起他了？你也生气，他也生气，如果是两个低头不见抬头见的同事，那么这件事可能就会让你们的关系变得僵持。这种情况在某些比较自负的人身上比较常见，其他人也或多或少有一些，但不会这么强烈。不管是哪种情况，听到这样拒绝的话，都不会让人觉得开心。我们应该使自己与他人有一个良好的人际关系，别人提出请求的时候，在自己能力、时间等情况有限的情况下，应该尽力去帮助别人，但是如果我们有一些原因不能帮忙，也请用平和的态度向对方说出拒绝的话，这样才不会伤了和气。

其次是给出充足的理由。拒绝别人的时候，最好给出充足的理由，如果理由不够充分，可能就会让对方对我们心存幻想，觉得我们还能帮到他，这样的话，拒绝就显得不够严谨了。在给出理由之后，不要试图去和对方再辩论别的什么，只需重复这一个理由即可。尤其是对那些经常请求我们帮助的人来说，更是如此。有的人遇事只想着自己，但凡有什么自己不想解决或是不愿意做的事就会去请别人帮忙，一次两次大家都愿意帮帮他，但是次数多了大家就会发现，这个人找别人帮忙的时候，从来不去想自己提出的这个要求会不会给别人带来不便，是不是太麻烦别人了。所以说遇到这样的人，更应该拒绝他们，找出合理的理由堵住他们的嘴，让他们找不到说服你帮忙的话。不够清楚的理由，会让对方产生误解，不利于两个人的关系发展。例如两个女生是几年的好朋友，其中一个女孩做了生意，起初她找另一个女孩帮她宣传，那个女孩同意了。但是时间越长这个女孩提出的要求就越过分，那个女孩依旧说不出拒绝的话，这其实就是在委曲求全了。其实那个女孩完全不必如此，她只要勇敢地告诉那个人自己做不到就好了。朋友之间互相帮忙是十分常见的事情，但是如果一味地让别人帮助自己，却不考虑对方的感受，那么这样的友谊不会走得长远。所以我们一定要学会说"不"，真正的朋友从来不会因为你拒绝了他而和你绝交，如果真的有人那么做了，只能说这样的朋友根本不是朋友，这也算是给自己一个机会——看清一些人的真面目。当你用真诚的话语告诉了对方一个充分的理由，对方往往就不会再请求你做这件事了。

再然后就是拒绝的时候要保护对方的自尊。每个人都是有自尊的，在别人向我们提出请求的时候，其实就是把自己的自尊放在我们面前了，所以我们拒绝的时候，一定不能伤到他的自尊，否则就会给他人带来痛苦。例如，我们和自己的对象约好周末出去郊游，放松一下心情。周五的时候，你在家里正收拾着出门要带的东西的时候，接到了家里的电话，父母说的往往是学会照顾好自己、好好吃饭、多锻炼身体还有少玩手机这一类的话，听到这样的话，我们的回答通常是："好了，好了，我知道了，每次都说这些。"父母又问："明天回家吗？我们给你准备了你最爱吃的馄饨馅儿，回来就给你包，还有你表姐家的孩子吵着闹着要和你玩。"一般情况下，由于我们沉浸在要和自己对象出去玩的喜悦中，所以很少去想父母的心情，拒绝的话就容易脱口而出："不回去了，我最近锻炼身体减肥，不吃馄饨了，你们自己包着吃。我要和对象出去玩。表姐家的孩子等我回去再找他。"似乎就没什么可说的了，挂了电话的我们，更感受不到父母在那边失落的心情。因为出去玩是原本就商量好的事情，所以只要我们能好好地和父母说，他们就比较能理解，即便想要我们回家，也不愿意让我们不高兴。越是亲近的人，我们说出拒绝的时候越是不注意，就越容易伤到他们的自尊，对待他们我们更应该多一些耐心和关注。

最后一点就是话不要说绝，事不要做狠。俗话说"风水轮流转"，如果别人请我们帮忙的时候，我们没有帮，态度也不友好，那么在将来某一天，在我们请求别人的时候，也会有别的人这样对我们。所以说哪怕是拒绝对方的话，也尽量不要把话说死，毕竟"做人留一线，日后好相见。"在听完对方的请求之后，如果我们帮不上忙，但是又怕拒绝别人会让他心里太难受的话，不妨说"让我考虑考虑"，这样会比直接拒绝别人好得多。但是使用这一点的时候要注意，一定要告诉对方自己要考虑多长时间，什么时候能给对方答复，这样能说明我们对这件事很重视，也不会因为自己考虑着考虑着就把这件事忘了，时间一长别人反倒觉得自己其实是在敷衍他。通常我们说考虑考虑几天后，应委婉地告诉对方自己帮不上忙，很抱歉之类的话。这样即便是我们没有帮到忙，对方也不会对我们有什么不满了。另外就是，给自己提请求的是曾经帮助过或对自己有过恩惠的人，如果帮不到忙，会觉得很尴尬，此时我们可以用另外一种拒绝方式。例如告诉对方："对于你说的这件事，我非常愿意帮助你，但是我这边的确有困难或者抽不出时间，但是我可以帮你找别的人，看他们能不能帮忙，你看这样行吗？"这样说话，虽然拒绝了帮助别人，但是说清了自己的理由，而且还给了对方其他的解决方案，可以说是无可挑剔的了。通常对对方而言，最重要的不是谁帮忙，而是能不能帮到忙，所以在我们无法帮助别人的时候，可以为对方找别人来帮助他，其效果和我们自己帮助他是一样的，我们的目的就是帮到别人的忙。

以上就是我们在拒绝别人的时候要注意的几个点，相信这会给你带来一些帮助，让你在拒绝别人的时候，不至于难以启齿或者无所适从。

表达秘籍

1.巧妙转移话题。当我们已经知道对方会和我们说什么事，而且我们还会拒绝对方的情况下，用转移话题这个策略，能很好地拒绝别人。对方一开口，我们就提起另外一个话题，他说一半的话，我们就继续转移话题，几次之后，对方一定会明白我们的意思。这种方法尤其适合拒绝不喜欢的人的表白，也能保护对方，把伤害降到最低。

2.学会糊涂。有这么一句话，说的是人难得糊涂。有的时候，懂了装不懂，不但能向对方表达自己的拒绝，而且也给他留了面子，在与老板相处的时候，某些情况需要我们装糊涂。但是装糊涂也要分情况，切不可随意使用。

·拖泥带水，只会让事情变复杂·

当别人对我们提出一个请求的时候，如果我们做不到或者不想做，那么必然就要拒绝对方。有的人脸皮薄，总觉得拒绝别人太不好意思，于是往往借口说"我考虑考虑"或者"过些天给你回复"这样的话。自己以为时间久了，没有答应对方就明白了，实际上却并不是这样，对方往往会因为这个不够明确的拒绝而心存希望，甚至把全部的希望寄托在这个人身上，时间越久，对方受到的伤害也就越大。这和生病不治疗一拖再拖最后变成大病道理类似。

其实人和人之间有了矛盾，最好的办法是去解决它，而不是对之不闻不问，这样的方法并不能让矛盾消失，只会让事情越来越糟糕。同样的道理拒绝别人的时候，应该和对方说清楚，切勿拖泥带水让对方误会。模棱两可的态度对人来说是最糟糕的，就像是给犯人行刑一样。犯人知道自己会死，但是不知道自己什么时候会死，这对犯人而言就是极大的折磨，这也就是为什么会有"屈打成招"这个词了，与其被折磨不知道什么时候会死，还不如直接一点。当面对我们不喜欢的事时，我们应该勇敢地说出"不"，不要因为一时的心软或是别的什么原因，给了对方一个不清不楚的答案，或许我们的意思是偏向否定的，但是对方并不一定能理解或者他把意思理解为了肯定的，这样显然是不正确的。这种拒绝尤其适用于男女朋友之间，如果两个人之间有一个人想分手，说出分手的话就是意料之中的事了，如果对方不愿意分手，该怎么办？是不忍心伤害所以继续在一起还是狠心分手？很多人面对这样的问题时会难以抉择，多数情况下因为不忍心、不舍得分手的，最后还是会分手，犹豫不决、拖拖拉拉、反反复复只会让事情越来越糟糕，不但给对方造成很大伤害，对自己也是如此。所以如果想清楚了，就应该把话说清楚，才能让事情得到尽快地解决。模棱两可的态度，容易让对方产生错觉，进而陷入一种死循环中。因此不管是为了他人还是为了自己，都应该把拒绝的话说清楚，这样才是最正确的选择。

现实生活中也有一种常见的情况。临近毕业的大学生找工作的时候，往往会在各大招聘网站上投简历，由于没有经验，看到觉得有希望的就去投简历，而海投的结果就是，很快就有不少的公司都打电话通知去面试。梁宇最近就正好面临着这个问题，周四的时候，他一连接到好几个通知他面试的短信，不巧的是，这几场面试都在一天，而且时间相隔也很近。再三斟酌下，梁宇只能选择其中两个去面试，剩下的也没有时间去了。去过面试后梁宇觉得自己应该没什么问题，于是就在家里等通知。班上的其他同学都劝他继续找工作，他却胸有成竹地说，自己不用担心，只要等通知就好了。同学们看他这个样子，也没有再多说什么了。事实上，那两家公司并没有确定要和他签合同，当时说的是回去等通知，然后他就真的一直在等通知了。后来毕业了班上的同学直接去单位上班了，只有他自己还在找工作，而他也终于明白，当初对方说的"等通知"不过是个借口，毕竟如果足够优秀，会直接签合同的，而不是说"回去等通知"这样的话，只可惜他明白得太迟。很多公司拒绝人的时候，都不会把话说得很清楚，有的人就没能领悟到其中的意思，反而耽误了很长时间，错过了其他的好机会。这种事情屡见不鲜，起初有许多人都不明白，其实面试的人完全可以直接给出拒绝，或者在事后及时地给予短信通知，不至于让对方一直抱着期望，到头来却是"竹篮打水一场空"的结果，两相比较下，让对方知道自己被拒绝显然更好一些，因为这样还有时间去找别的工作。

洛离最近心情不好，下了班就叫上了自己的小姐妹顾灿灿约饭。两个人吃着火锅，喝着酒，在热气腾腾的雾气中说着自己的不开心。很快就酒足饭饱了，两个人原本准备打车回家。顾灿灿在出门的时候却接了一个电话，只听她说："对，在外面吃饭。""你回来了？""准备打车回去""好，那我们等你。"挂了电话后洛离打趣她："是不是你的那个暧昧对象？"顾灿灿和一个男孩聊得很好，两个人也互相喜欢，只不过两个人都没有说出在一起的话，作为好友的洛离，她很清楚顾灿灿之所以没有说出那句话是因为她缺乏安全感，所以面对远远的距离，她退缩了。还以为是那个男生来找她了，但是出乎洛离的意外，顾灿灿摇了摇头，然后说："不是他，是一个同事。"洛离听了这话，心里就觉得奇怪，同事怎么这么热心。后来那个同事开车送她们回家的路上，没有出乎洛离的意料，他对顾灿灿非常好，一路嘘寒问暖，知道两个人喝了酒，还怕两个人不舒服，经过药店门口的时候，还特意给她们买了药。洛离心中疑惑，这个同事对灿灿的心思，只要是个明眼人都能看出来，偏偏当事人自己没有发现。事后几个朋友一起聊天，洛离就问顾灿灿："灿灿，上次送我们回家的那个同事，他好像对你很在意啊。"顾灿灿还没说话，有一个朋友就怂恿她："要不然你和你那个暧昧对象结束了吧，我看这个对你就挺好的。"顾灿灿正色道："别乱说，我还是喜欢他的，我和那个同事是哥们，仅此而已。"那个朋友又说："既然你不喜欢人家，就跟他说清楚吧，别让人家白白浪费时间了。"顾灿灿就为自己辩解，说自己没有。后来洛离听说男同事向顾灿灿表白了，意料之中的，顾灿灿拒绝了，并且和他说清楚了，但是她有事的时候还是会找他帮忙。感情的事，别人没办法随意评判，但是如果不喜欢一个人，就应当在拒绝后保持距离，不要让对方心存幻想，这样对他们来说是不公平的，既然已经做出选择，就不要再麻烦别人，这样做伤人伤己。

表达秘籍

1.不要给对方一些错觉。尤其是在异性朋友交往方面，即便是再好的朋友，如果对对方没有意思，也要注意自己说话的分寸，不能想说什么就说什么，这样很容易让别人误会，进而陷入困境，无法自拔。

2.用陈述句或否定句表达。在拒绝别人的时候，尽量避免使用带有语气词的句子，说话的时候是什么就说什么，不要用模棱两可或者是疑问的语气，否则这样的拒绝就是无意义的，而且还会让事情变得越来越糟糕。

·找到强有力的理由·

拒绝别人的时候，我们时常会给对方一个理由，告诉他们我们帮不了忙或者是心有余而力不足。但是有的人会在我们拒绝之后再三地请求，一些人往往在又一次听到这些请求的时候，答应了对方，可是到头来却没能把事情办成，别人非但不会感谢，还会责怪，所以如果做不到就一定要拒绝对方，这时候就要我们给对方一个他无法再请求我们的理由了。当我们找到合适的理由时，既能让对方知难而退，又能维护好双方的关系，这是一举两得的事情，所以我们在拒绝别人的时候，应该学会这种方法。但是这个理由却不是那么好找，因为找的理由如果不充分，拒绝对方之后，对方心里就会觉得自己在敷衍他，倘若他不死心继续请求，我们就没办法再拒绝了。理由充分时，我们说出的话就比较容易让对方接受，所以最重要的是找出一个合适的但不失强度的理由来拒绝对方。一个人找我们帮忙，提出了一个请求，我们拒绝了他，如果这个人因此记恨我们，其中有很大的可能是我们在拒绝别人的时候，伤害到了对方。这种伤害可能是我们没有注意自己的说话方式，可能是我们给出了一个理由，但这个理由并没有让对方信服，所以让他们产生一种我们明明可以帮助，就是见死不救的错觉，这样一来我们的人际关系无疑会非常紧张。所以说拒绝别人的时候一定要注意这些情况。当我们找出强有力的理由后，就能让拒绝变成一件简单的事，也能让对方更容易接受被拒绝这一结果。

小雪是一家婚纱店的店员，由于她很年轻，也和顾客们交流得很好，给顾客们挑选的礼服都能让新人满意，时间一长，小雪也有了一些小名气，有新人拍婚纱照的时候，还会指名让她挑选。一次小雪的一个好朋友准备结婚了，朋友带着自己的新娘去了婚纱店，但到的时候小雪正在给另一对新人挑选礼服，所以就没能陪他们选。两个人不愿意让别的店员给自己挑选，所以就自己看了看。不过两个人看了好一会，也没挑出满意的，朋友的女朋友就嚷嚷着让小雪帮忙挑选。但是小雪那边还没忙完，他女朋友就说："我们都来了这么半天了，你朋友都不管我们啊。"听了这话，男生心里也觉得有点不舒服，这时候店里的店员很有眼色地说，她们愿意先给他们看，之后再让小雪过来，两个人勉强答应，不过还是没有看中的。店长看小雪那边快忙完了，就赶快让她过来了。可即便是小雪陪同着，他们还是没有喜欢的。女生看起来十分不高兴，男生自然不愿意看女朋友不开心，于是就问小雪："小雪，我知道你们这还有仓库，里面有别的款式吧，带我们去那看看吧。"面对朋友的要求，小雪没办法直接拒绝，但是这种事情又不能同意，拒绝是必然的，又不能让他太难堪。小雪灵机一动说道："抱歉啊，我也想让你们去，但是我们店里有规定，只有工作人员才可以进仓库，不好意思了。"那两个人眼看话已经说到这份上了，也没办法再说什么了。最后小雪还是给他们挑到了满意的礼服。所以拒绝别人的时候，如果不好直接拒绝的话，可以搬出"条文、制度、规定"等这些硬性的东西，别看这些东西看起来好像没什么用，但其实在一些情况下这些东西能发挥出很好的效果，既让对方了解到我们的为难，也不会影响两个人的关系，而且这样正当的理由也能让对方理解，从而不会再提出请求帮忙了。

随着吴佩孚的权力的强大，越来越多的人知道了他的名字，他俨然成为一个大人物了。曾经的一位老乡听说了这件事后，就来投奔吴佩孚，希望他能给自己一份工作，混口饭吃。事实上，这位老乡并没有什么真才实学，也没有什么一技之长，吴佩孚很清楚这一点，但碍于是同乡，不好驳了对方的面子，所以他给了老乡一个闲职，也算是给了对方一个职务。本以为事情可以到此为止，谁知那位同乡没过多久又说自己想当个县长，原来他觉得自己的官职太小了，所以想要更大的官，于是请求去河南当县长。吴佩孚看到他的申请书后，在上面批了四个字"豫民何辜"，老乡看到批改后的申请书虽然无奈，但也没办法，只好把这个想法打消了。老乡在岗位上待了没多久，又呈上了一封申请书，申请书上写道："我愿率一旅之师，讨平两广，将来班师凯旋，一定解甲归田，以种树自娱。"原来老乡是打消了当县长的想法，但是他又有了新的想法——当旅长。这一次吴佩孚看到后很生气，但是又忍不住想笑，老乡拿到申请书后只见上面批了"先种好树再说"，顿时傻眼了。

有时候我们会遇到一些人，他们不顾自己的实际情况，向我们提出一些请求，我们可以找到言语中的漏洞，然后以其之矛攻其之盾，让对方认识到自己的请求是不正确的，从而打消这一请求。用对方的话当理由，也是拒绝别人的请求时强有力的理由之一。

表达秘籍

1. 称病。这个借口可以用于紧急情况，别人让我们帮忙做一件事，我们做不到，那么就可以告诉对方自己身体不适，做不了，毕竟健康第一，所以在我们生病的时候，对方也不好意思再让我们帮忙了。但是要注意的是，这个借口不能经常用，说多了就没有效果了。

2. 自己很忙。不少人在拒绝别人的时候都用过这个借口，有的人说了就能被人接受，有的人说则不被人理解，这其中的差别就在于有没有具体地说。别人只知道我们忙，却不知道到底在忙什么，拒绝别人的时候力度显然就不够了，所以下次我们说自己忙的时候，可以告诉对方，我要做什么事，对方一听就知道我们是真的很忙，也就不会再让我们帮忙了。

3. 用对方的话来拒绝。对方向我们提出请求的时候，我们可以注意一下他所说的话，找到其中不合理的地方，就能用这些话引导他认识到自己的请求是不正确的，从而使对方知难而退，避免一些不必要的麻烦，把拒绝的伤害降到最低。

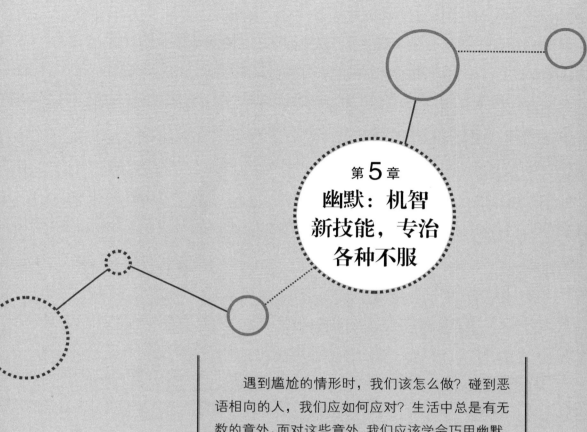

第5章

**幽默：机智
新技能，专治
各种不服**

    遇到尴尬的情形时，我们该怎么做？碰到恶语相向的人，我们应如何应对？生活中总是有无数的意外，面对这些意外，我们应该学会巧用幽默，这样既能让自己"化险为夷"，而且还能增添自己的个人魅力，何乐而不为呢？

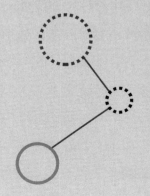

·巧妙自嘲，化解尴尬·

很多时候，生活中都会不可避免地发生一些不愉快的事情。人与人在沟通和交往的时候也难免会出现摩擦和尴尬。这个时候，如果双方面红耳赤地争执不休，人际关系不仅得不到好的改善，还会阻碍往后关系的良性发展。如果能运用幽默巧妙的自嘲，除了能缓解尴尬的气氛以外，还能增添个人魅力，为自身形象加分。

自嘲是一种很难得的语言艺术，因为它是拿自己的短处和不足来开玩笑，光明正大地揭开自己的"伤疤"。坦坦荡荡地面对自己的丑陋与羞耻，并不去刻意地掩盖和躲避。通过放大或夸张来巧妙地发挥，调侃自己，自圆其说，博别人一笑的同时，也给自己救场。如果没有开朗豁然的心态，也是很难做到自嘲这一点的。

在日常生活中，我们会遇到很多这种极其尴尬极具挑战的问题，但如果不知道怎么去应对，只会让尴尬变成生活的常态，社交也会因此变得捉襟见肘。而如果能灵活运用自嘲的方式，将各种刁钻和不怀好意的问题幽默化解，在社交场合也会因此变得从容自信，如鱼得水，得到意想不到的结果。

有一位哲学家曾经说过："笑的金科玉律是，不管你想怎么笑别人，首先得笑自己。"还有一句话说的是："优笑劣，智笑愚，美笑丑，成熟笑幼稚。"意思就是善于显示自己的劣势或幼稚，就会产生幽默的效果，让人开心大笑。这正是自嘲的作用所在。

在央视二套有一个特别火的节目叫《是真的吗？》，节目主持人是著名的脱口秀名家黄西。有一次在节目中，他谈到了车贴的使用，并向观众讲述了一个自己亲身经历的故事：

"我在美国的时候也见过很多车贴，不过大多数都是别人过来给贴。那时候我刚到美国，自己买了一辆二手车作为交通工具。开了一段时间后，我的车后面就贴满了很多撕不下来的字条。在密密麻麻的字条中，有一张特别显眼，因为它的字数比较多。但是在这张字条里，我只认识'你'和'我'这两个英文单词。"这个时候，黄西在台上还伸出手来在台上比画出一个"二"，过了一会他又接着说：

"一直等到两年后，我才看懂了那张字条上的英文，上面写的是：如果你不懂英文，就快点滚回家去。"

听到这里，观众都哄堂大笑，也给黄西送去了经久不息的掌声。

在节目中，黄西不惜用自己的尴尬经历来营造节目氛围，也算是十分拼了。他实际上也是在用这种方式来嘲笑自己的英语水平之低，虽然在描述的过程中让人听着有点夸张荒诞，但正是这种反差才给人带来强烈的幽默效果，尴尬也就不成尴尬了。有时候，我们在自我解嘲的过程中，也可以加入一点夸张的成分，把自己的不足之处放大到一定程度再说，这样，诙谐的程度也会跟着放大。

自我解嘲，需要有一种直面问题的勇气，也需要有一种达人的乐观胸怀。身边有很多人，他们说话的时候总是有很多的"放不下"，比如说放不下脸面，放不下身段，放不下架子等等。对于自己的缺点和不足总是极力掩饰，却不知道这总是欲盖弥彰。这种遮遮掩掩的行为也会让气氛变得灰暗，自然也让人变得紧张，给人一种自卑不自信的印象。让交流变得凝重，没办法笑出来。

相反，如果能够放得下架子，坦然面对，拿自己的缺点调侃一下自己，讲出来以后，不仅可以消除紧张情绪，还会增加互动，带来新的话题。你的缺点在别人眼里也会有新的改观。这种幽默就是对付尴尬的灵丹妙药，变被动为主动。

当我们在交流中的需求没有被满足的时候，就会有不良情绪产生。而有意去丑化一些得不到的东西，内心的苦闷和烦恼会得到一定的解除。研究表明，用这种方法进行自我安慰会得到心理平衡，防止思想和行为出现偏差。自我解嘲，是一种从容的人生智慧。

表达秘籍

1. 自己调侃自己的时候可以适当说得夸张一点；说出来的内容最好是有真也有假，这样才会产生幽默感。如果说得太实在了，容易引起别人起哄，对你所指出来的缺点群起而攻之，给自己造成二次伤害。这样就达不到自嘲的效果了，反而给自己招来麻烦。

2. 说自嘲的话的时候，要用轻松愉快一点的语调。如果过于严肃，会让人分不清你到底是在开玩笑还是在沉痛表述心情。要让别人看到你对待自身不足的坦荡胸怀和豁达的人生态度，这样才会引发谈话人心底真心的赞赏。

3. 当对自己的某一个缺点展开猛烈自嘲以后，一般别人都会为你的勇气和气度鼓掌，并不会让你自己一个人尴尬地自说自笑，一般都会发自内心用笑声化解你的尴尬。

·顺水推舟，让结果出乎意料·

在现实生活的交往过程中，我们说话办事，经常会因为各种原因引发一些危机和矛盾。这个时候，我们可以采用顺水推舟的方法，就是接着对方的话茬，顺着别人的意思往下说，往往能制造一个出其不意的结果，让事情出现转折。这种幽默手法最得意的地方就是能把别人出给你的难题顺水推舟推到对方身上，从而解除自身的难堪和危机。让你从"山重水复疑无路"转到"柳暗花明又一村"。

谢里登是爱尔兰著名的剧作家，被当地人称为"睿智的雄辩家"。关于他的故事，总是带着几分被仰慕的色彩在坊间广为流传。有一天，他自己一个人在伦敦的大街上悠闲地散步，恰好看到两位公爵朝他走过来。这两位公爵平时就很喜欢挖苦讽刺别人，今天遇到谢里登，当然也不会放过他。他们迎着谢里登走过去，站在他的面前，故意大声地说："您是大名鼎鼎的剧作家，应该没有什么问题能难倒您。今天我们就要向您请教一个问题，不知道您能不能准确地答复我们？"

谢里登面不改色地问道："有什么问题可以直说。"

两位公爵想了想说："虽然您写过很多为人所知的作品，但您一定有更多的作品还是无人知晓，毫无名气的。可是您现在还是一个劲儿地在创造新的默默无闻的作品，请问您到底是傻瓜还是无赖呢？"

面对这番讥讽和挖苦，谢里登并没有生气，而是笑了笑。他迅速地往两位公爵中间一站，诙谐地说道："我想我现在正处在两者中间。"两位公爵听了谢里登的话以后，顿时变得哑口无言，只能垂头丧气，悻悻地离开。他们的挖苦不仅没有让谢里登难堪，反而是自己搬起石头砸了自己的脚，所以也只能无言以对。

当别人用"傻瓜"和"无赖"等字眼来诋毁他，想让他陷入两难的境地的时候，谢里登并没有去与对方直接争辩。他只是巧妙地引用了别人"到底是傻瓜还是无赖"的思路，给出了一个"正站在两者中间"的绝妙回答。他用顺水推舟的方法让两位公爵自己为自己说出口的咒骂之话买单。有力地反驳了两位公爵的无礼与粗鲁，捍卫了自己的尊严与地位。

所以，顺水推舟的特点就是顺着对方的话语，进行一种迂回婉转的交谈，而不是直截了当作正面的交锋。这种顺水推舟的交谈技巧就是借力使力，见招拆招。产生强烈幽默效果的同时，还能摆脱自己的窘境。

在美国南北战争时期，有一位名叫约翰斯顿的大将军，因为在当时立下了很多汗马功劳，所以很受重视。因为自己战功显赫，所以他的脾气不是很好，有点任性。

有一次，他再一次打了胜仗，按照惯例，他必须得向总统回报战果。当时的美国总统是林肯，约翰斯顿在汇报信中只简单地说了几句话。林肯收到信以后，觉得这个汇报不够详细，于是，总统亲自回信向他说明要将此次战果说得更详细一点。

没想到，约翰斯顿看完信后一下子就来了脾气，他很不耐烦地回了一封信，上面只写了一句话："总统先生，这次战争我们打了胜仗，并且还缴获了敌人的六头奶牛，我想请示一下总统先生，我们该如何处置这六头奶牛？"

收到回信的林肯看完以后，马上也明白了大将军的意图，他这是生气了呀。林肯拿着信，哈哈大笑。他知道，如果这个问题自己不好好处理，那么他和大将军之间就会产生嫌隙，影响两个人的和谐关系。

但是面对这封刁钻的信，自己又该如何回复呢？林肯思来想去，迟迟都没有下笔。最后，他一拍脑袋，终于想出来一个好办法。于是，他在回信中写了这样一句话："那就快点让将士们挤牛奶喝。"

其实，约翰斯顿大将军把信一寄出去就有点后悔了。他担心自己逞一时之快会让总统难堪，继而双方都会陷入比较尴尬的局面。所以，收到总统的回信以后，有点出乎他的意料，没想到总统会顺着自己的信给一个这么智慧的回复。

也就是从这时开始，约翰斯顿大将军被林肯的幽默和智慧折服，随即就向自己的下属表达了对林肯的赞叹和佩服。

如果林肯收到大将军那封搞怪的信件之后，他不是选择用幽默化解，而是用自己的身份和地位进行打压和批判，或许并不会让大将军折服于自己，反而可能会激起约翰斯顿的怒火，激化两个人之间的矛盾。而林肯只是顺着大将军无厘头的问题，给了一个无厘头的回答。这样既能化解二者之间的紧张气氛，又能显示自己的大度和胸怀，让人不服都不行。

所以，我们有时候所说的幽默哲学，其实很多都是来源于自己的生活经历和人生修养。当我们在自己的经历之中沉淀了一定的智慧之后，再去看待一些刁钻问题的时候，可能会从不同的角度，用不同的眼光去看待。这样，我们才能得到一个不同的答案。

无论在什么场合下，当我们遇到一些刁难和侮辱，我们都需要用高度的机智和敏锐的眼光去寻找解决的办法。以轻松的玩笑方式，让问题迎刃而解。在平时的交流过程中，如果有人用语言对你进行攻击，就要善于从对方语言里发现可以被自己利用的点。顺延对方的思路，以牙还牙，给对方一个漂亮的回击。

事实上，有调查研究表明，攻击型人格的人在攻击对方的时候，都会认定对方也会激烈抵抗自己的攻击。所以，当对方不加反驳，坦荡应对的时候，他们的气势就会受挫得更狠。甚至让他们一时半会儿不知道如何是好。就好比一个人用尽全身的力气挥起拳头朝你打过来，但你只要向后退一步，不去还手，对方扑了空，他的尴尬也就更多一点。这就跟顺水推舟的说话艺术是一个道理，借助别人的力气去打倒别人。

表达秘籍

1. 顺水推舟的说话技巧在于逻辑推理，以理服人。虽然是顺着别人的思路，但还是要符合逻辑。用与自己相关的生活理论作为基础，有礼有节有胆识地去表达自己的意愿，抒发自己的感情，就能很轻松地扳倒对方。

2. 有时候，生活中的一些事情最终的结果会跟自己之前说过的话自相矛盾，这个时候，也没有必要过于紧张。不如来个顺水推舟，将错就错。只不过，在这种情况下我们需要顺的是自己的水，需要解决的也是自己酿成的危机。

3. 无须刻意去反驳，在矛盾和危机激化之前就用语言先发制人，可以降低问题解决的困难程度。以其人之道，还"说"其人之身，就是最好的反驳。

·诙谐夸张，传达真实想法·

"大鹏一日同风起，扶摇直上九万里。"这种夸张的手法融入了极大的想象力去表达人的一种比较强烈的思想感情。"蜀道之难，难于上青天""瓜香飘万里"等这些常见的句子，都是将事实进行了一定程度的夸大，以便将事物的某种本质进行突出，增强表现效果。这种基于客观现实有目的地去放大或者缩小所要说明的事物的方法就是一种夸张的手法。在幽默的表现形式里，夸张或者铺张也是最常用最有效的方法。它虽然言过其实，却能生动形象地去揭示事物的内在情况，让你的真实想法深刻地被表达出来。

我们在生活化的口语交流中，也会不自觉地用到这种方法。特别体现在一些形容词上，或者会用另一个具象的事物去代替你想要描述的事物。比如我们想要表达一个人的嗓门很大，有的人就会形容为："说话像击鼓，几十里以外都能听到！"所以，夸张在生活中就像一面哈哈镜，让它所照进的事物变了形，能逗乐别人，娱乐自己。

马克·吐温是美国著名作家、演说家，经常会被邀请到各地进行公开演讲。有一次，他受邀去一所大学讲课，选择了火车作为交通工具。一路上火车的速度很慢，这让马克·吐温很着急，因为距离开课的时间没有多久了，火车却依然提不起来速度。正在他满肚子的怨气不知往哪里撒的时候，碰到列车员来查票了。一气之下，马克·吐温默不作声地将一张儿童票递给了列车员。列车员接过票，仔细打量一番，故作幽默地说："您还真有意思，给我一张儿童票，但我怎么看也看不出来您还是个孩子呀！"

马克·吐温却不急不慢地说道："是的，我现在已经不是一个孩子了。

但你知道吗？在我买火车票的时候我还是个孩子呢，只是火车开得实在太慢了，我都已经长大了。"

这个回答逗得列车员也乐了，他们对此为其带来的不便表达了歉意。马克·吐温也成功地将心里的不快抒发了出来。在这个故事里，火车开得很慢是不争的事实，但绝对不会慢到让一个人从小孩变成大人。这就是用夸张的手法把火车"慢"的程度进行了无限的夸张，把一个抽象的东西具体化，让人忍不住发笑。用"从小孩到大人"的横向时间轴来形容火车"从一个点到另一个点"慢的程度。启发聊天者的想象力而引发强有力的幽默感。

修辞上所讲到的夸张一方面就是"言过其实"，另一方面也是"以实为据"，我们也可以理解为借题发挥。如果失去了事实的依据，夸张也就失去了基础。所谓的"浮夸风"和"吹牛大王"就是这种没有节制的夸张，表现出来的就是不够真实，甚至会让人觉得有点儿荒唐。所以夸张归夸张，还是要遵循一定的事实情况，不能毫无依据，仅凭想象。

不过在平时的工作闲暇中，总有人爱吹吹牛，讲讲段子，调节一下紧张的工作情绪。在这种幽默段子中，总是以夸张居多，似乎说得越离奇，他所达到的娱乐效果就越强。

当我们将夸张的手法当成一种说话技巧的时候，往往会给出一个出人意料的结果。因为其不合常理，才会让人觉得搞笑又有趣，也就达到了一定的"笑果"，这也是对我们思维方式的一种训练。

我们平时用得多的可能就是扩大型的夸张，把我们所遇到的事物往大了说，让其变得更高，更强，更快，更多，达到一种数倍扩大的效果。但我们也可以反其道而行之，与扩大相反的是缩小。也就是我们可以把需要描述的事物往小了说，达到一种与扩大相反的效果，也是一种夸张的表现。比如，有诗词写道："五岭逶迤腾细浪，乌蒙磅礴走泥丸。"在这句话中，五岭山和乌蒙山分别变成了"细浪"和"泥丸"，让红军的形象变得更加光辉耀人。这种说法与夸大事实得到的幽默效果是一样的。

表达秘籍

1. 在平时的交流过程中，用这种夸张手法，可以辅之一定的面部表情或身体姿态。研究表明，人的面部可以呈现出无数的微表情，这些表情是可以迅速被捕捉到的。所以，表情也是很能吸引人注意的一部分。

2. 抓住一个事物的一个特点进行刻画，语言色彩可以稍微浓重一点，以便将气氛渲染得更加热烈。这样也可以达到一种极度幽默的效果。

3. 有时候，还可以特意颠倒一下事物出场的先后顺序，让表面上的不合理变成一种合理。这是由于时间顺序的不同产生的夸张。

·严肃的建议幽默地提·

几乎我们每个人都给别人提过建议，也曾在自己遇到难题的时候，让别人给过自己一些意见。要是希望自己的建议被采纳，可以在提出建议的时候，用一些幽默的语言让对方领悟到，这样被接受的可能性就会大大提高，而原本一件不容易开口的事情，可能就这么轻易被解决了。所以除了平时说话，我们在提出建议的时候也可以幽默一些。

如果给平级的人或是朋友之类的人提意见，通常只要我们多站在对方的角度考虑，他们都会接受意见并改变自己的。如果换成我们给领导提意见，那么这件事就不是那么容易做到的了。要是建议提得好了通常还会被接受；如果是出于好心，但是提建议的方法不对，搞不好就会面临被辞退的风险，所以很多人不愿意去做这种事。其实领导也不是什么洪水猛兽，但凡是有远见的、睿智的领导，只要我们在提建议的时候把握好时间、场所以及自己说话的方式等问题，基本上领导都会接受的，时间、地点这个很多人都了解，所以在此不作赘述，主要说一下怎么提建议更容易被接受。

早上士兵们正在吃早餐，其实他们的伙食并不好，当兵的吃得多才有力气，但是提供给他们的量基本上都是不够的，也没有人敢去和将军说这件事。向自己上级提建议改善伙食，成功的可能性太小，而且很多人都不愿意做这个出头鸟，所以大家就这么一直拖着，没人去说。这天早上将军来视察士兵们的情况，就顺便问了下他们的伙食的情况，大家都想说实话，可没人敢说，所以几乎所有人都闪烁其词，有说"差不多"，有说"挺好的"。但这里面有一个士兵却没这么说，他的回答和所有人的都不一样，因为他说的早餐里，有肉、有蛋，还有点心。将军听完他说的就问他："这不挺好的吗？国王吃的也就比你们这再好一点。"所以他很奇怪，这样说的话，怎么之前的那些士兵没有很开心的样子。谁知那位士兵恭恭敬敬地报告自己的将军："是的将军，但可惜的是我刚才说的这些都是我在外面吃的。"而将军在了解了事情之后，就立刻下令给士兵们改善伙食了。这位士兵，巧用幽默说出他们这些人的伙食其实并不好的事实，但是让人听后却忍俊不禁，面对这样幽默的提议，试问哪位将军会不接受呢？所以说给领导提建议也不是不可能的事，试着用幽默的话说出这些建议，就能让领导接受的可能性大大增加。

表达秘籍

1. 有意识地培养自己的幽默感。平时可以多看一些有关幽默的资料，在与他人交流的时候，适时的幽默，能让对方对我们印象深刻，且很容易拉近彼此的距离。幽默感不是一朝一夕就能学会的，所以要慢慢来。

2. 在玩笑中说出建议。人们之所以喜欢开玩笑，是因为在玩笑中能活跃气氛，是一种"众乐乐"的情境。所以我们在提建议的时候，也可以在玩笑中说出，这样能减轻对方的抵触心理。

·如何用幽默化解敌意·

在与他人相处的时候，有时候我们心里会有不舒服的感觉，因为别人可能有意或者无意说出一些带有敌意的话。此时如果和对方起了冲突，那么最后的结果可能是两败俱伤的，而且在更多时候，我们是不能和对方争执的，所以面对这种情况，我们应该怎么办才最好？

公司里有一个部门经理的位置空出来了，大家为了抢到这个职位都在费尽心思，各显本领。在最后阶段，一起竞争这个岗位的几个人甚至有点剑拔弩张，火药味儿十足。他们每一个人都是一副非我莫属的架势，每个人都觉得部门经理最终就是自己的囊中之物。但是，最后的结果却让很多人感到意外，因为这个头衔被江北摘得，而江北来公司还没有多久。

自然，这个结果让大家很不服气。很多人都开始抱怨："公司凭什么要让一个资历尚浅的新人来作为我们的领导人。"于是，有好几个人一拍即合，这群人决定要在江北上任的那一天给他点教训。

这天，正是江北的就职演讲。江北走上台，什么也没说，先是给大家深深地鞠了一躬，然后才开口道："在下能站在这里深感荣幸，当然，这全部的荣幸都要归功于大家，感谢你们给了我这个机会。因为在座的每一位都是公司一等一的人才，据说，公司在决定谁当经理的时候，觉得选谁都不太公平。没有办法啊，最后只好决定让我来担任这个职位，我这是傻人有傻福啊。"

说完，台下已经响起了一片笑声。江北顿了顿接着又说道："这个职位给了我这个运气好的傻人，其实就好比我们平时烧蜡烛的时候里面的蜡烛芯啊，看起来它是最亮的，还处在蜡烛的最中心。其实呢，这样也挺惨的，因为它总是在承受最高的温度，然后还要被烧得发黑，发焦。你们大家看看，我都已经这么瘦了，还能经得住烧几次呀？"

说到这里，大家又忍不住笑了。江北继续说道："其实我想说的是，作为一个蜡烛芯，它自己是没办法单独燃烧的，而它能发光发热，靠的全是它周围的蜡油。所以，在这里我要拜托各位，我这根瘦小的蜡烛芯就靠在座的每一位了，请大家对我多多帮忙，别让我烧焦了！"

江北讲完以后，一屋子的人都忍不住笑弯了腰，而关于教训他的想法早就被忘得一干二净了。

原本是一场充满危机的就职演说，却因为江北的幽默话语被轻松化解。有时候我们会收到那些不喜欢我们的人的敌意，但对此我们要放平心态，用一种适当的方式去化解敌意。俗话说，树大招风，枪打出头鸟，这个时候，我们就可以学学江北，用幽默的方式给自己抹黑，抬高别人，也许是一个化解敌意的不错方法。

即便是名人，也遇到过这样的问题。法国作家大仲马写了一本书，这本书一经出版就受到了许多人的追捧，身边的朋友都纷纷向他发来道贺。一样东西有人喜欢，就必然有人不喜欢，所以即便是这么受人欢迎的书籍，也逃不脱这样的命运。有这么一位夫人，她最喜欢做的事就是努力让自己比别人高一级，有不少人都被她嘲讽过。这位夫人问大仲马："你的这本书我也很喜欢，就是不知道是谁替你写的啊？"这明显带着酸味的话语，并未让大仲马有所不悦，他只是笑着反问："听到你说你也喜欢这本书我很高兴，那么我想请问是谁给你读的呢？"夫人不仅没有贬低到大仲马，反倒让自己陷入了难堪的境地，所以她没有再说什么直接走了。曾经被夫人嘲讽过的人知道这件事以后，纷纷赞赏大仲马。在别人伤害、讽刺我们的时候，我们也可以拿起"幽默"这一武器，巧妙地给予对方反击，让对方知难而退，同时也显现出了我们的气度和随机应变的能力。

美国的第四十任总统里根，就是一位很善于用幽默来化解自己困境的人。

有一次，他被邀请到加拿大的一座城市发表演讲。在演讲的过程中，有一群示威游行的人不时地在打断他，反美情绪异常地强烈，很多人的情绪都受到了煽动。

这种粗鲁的行为让加拿大的总理皮埃尔·特鲁多感到非常的尴尬，毕竟，里根来到加拿大是受到邀请才过来的，应该受到客人一样的尊重才对。

在这种情况之下，里根却丝毫没有慌乱，他笑了笑，对特鲁多说道："其实，我在美国的时候，这种事情也经常发生在我身上。我想，这群人一定是从美国千里迢迢跑来贵国的，或许是因为他们想要让我感到一种宾至如归的感觉吧。"这句话让原本紧张的氛围一下子就解除了，连特鲁多都跟着笑了起来。

正常情况下，如果我们的演讲被别人打断，我们一定会非常生气，甚至都没办法将后面的演讲正常进行下去。但里根给我们树立了一个大家风范，他不仅没有表现出尴尬或者窘迫，还用一种幽默的方式化解了窘境。就在这种笑声中，大家化敌为友，不再带有恨意。

大家怒气冲冲地对待你的时候，如果你也回报怒气冲冲，那就免不了一场针锋相对的战争。而这样做的结果可能是让你多了一个敌人，而不是朋友。化解敌意的最好方法就是一笑而过，既塑造了自己的形象，也解开了别人的心结。

表达秘籍

1.培养豁达心胸。平时可以有意识地暗示自己，对一些小事，没有必要过于纠结，无须为此和别人大吵大闹，这样只会给其他人留下我们很糟糕的印象。"退一步海阔天空"，不是什么大问题，就不用斤斤计较，经历得多了，心胸自然就会慢慢宽大。

2.观察身边的人。我们每个人身边都有想亲近的人，这些人往往都是很幽默的，所以在和他们相处的时候，我们可以留意下对方，看看他们是怎么做到让大家发笑的，在理解领悟的基础上，将其转变成自己身上的优点，这样我们也会变成一个幽默、被人喜欢的人。

·正话反说的艺术·

从哲学的角度看，幽默是一种属于人类的智慧。这种内在属性就是通过语言来呈现的，外在表现为聪颖和机敏。据调查所知，幽默感强的人都会具备一种超凡的洞察力，不管是对生活里的小事还是对人生中的大事。他们都会用一种独特的视角去看待身边的人和事，进而也会用一种坦荡的心态去面对人生的道路。而这种幽默的能力除了先天得到以外，后天的训练和努力也是可以获取的。这里要讲到的正话反说和前面所提到的一些幽默技巧一样，多加练习，完全可以让自己的幽默水平得到提升。正话反说在这里的意思就是我们通常说的"说反话"，即运用跟本意相反的词语来表达此意，这些词语通常包含有否定、讽刺以及嘲弄的意思，也是一种带有强烈感情色彩的修辞方法。

在生活中，如果我们遇到一些丑陋的社会现象，想冲上去直接给予批评或否定，效果可能会不尽如人意。但如果我们换一种方式，比如用正话反说的方法，结果可能会好很多。

在全民都闹饥荒的时候，有一位国王却痴迷于打猎。有一天，这个国王骑着马带着自己的随从又来到一个郊外偏远的农场，想掠取一些野味以饱口腹。但是他带领的大队人马在农场里一片混乱，将庄稼田地踩踏无数。农场主人闻讯赶来，火冒三丈，连忙上前劝阻。他拦下国王的马，大声地说道："这是我们仅存的一点粮食了，您行行好，不要在这里打猎了，没有这些庄稼，我们全家就要饿死了！"

听了他的话，国王并没有停下来的意思，反而愈加愤怒，他狠狠地训斥了农场主一顿，并令人把他从马前拉开。这个时候，农场主的夫人也赶了过来，她没有去拦国王的马，而是拉着农场主的手故意往回走。一边拽着他，一边撸起自己的袖子对着农场主劈头盖脸地骂了起来。她说："你作为这个国家的一个平民，难道你还不了解咱们的国王有多么喜欢打猎吗？你为什么要冒着生命危险去阻止国王进入围场呢？你难道不会让我们和孩子们都饿死了空出这片土地献给国王，让他在这里自由出入，随心所欲吗？你这样做真是罪该万死，连主都不会原谅你的。"

国王的随从听了以后，也在一旁请求国王将农场主赐死。没想到国王却哈哈大笑了起来。他不但放走了农场主和农场主夫人，还下达命令，人马车队都要小心行驶，不得践踏农田，违者重罚。在这之后，凡是国王出去打猎，所到之处的农田，都是毫发未损，被保护得好好的。

在这个故事里，农场主和农场主夫人都有一个共同的目的，那就是制止国王践踏农田。但农场主把反对的话直接说出了口，不仅没有达成愿望，反而惹得国王火冒三丈，差一点儿还丢了性命。而农场主夫人则没有选择直接进攻，而是顺着国王喜欢打猎，破坏点儿农田无所谓的意思说了一段与自己表面意图相反的话。表面是要将自己的东西无私奉献给国王，实际上则是指桑骂槐，谴责国王的不良行为。正的话反着说，反而让国王意识到了自己的问题与错误，从而迷途知返，对农田爱护有加。

正话反说是一种拐弯抹角的迂回表达方式，也是达到幽默效果的方法之一。在平时的运用中，如果能够适当增添一些富有感染性和迁移性的话语来抒发自己的情意，可以让说出来的话更加含蓄和风趣，产生意料之外的"笑"果。特别是当你想向别人提出自己的意见和建议的时候，这个方法屡试不爽。正话反说，能让听者在一种欢快愉悦的氛围中接受你给出的针对性意见。

不知道大家有没有关注过这样一则关于禁烟的公益广告，它没有列举很多吸烟的危害，而是反其道而行之，从吸烟的好处说起。"吸烟有害健康"，这句话相信绝大多数人都听过，但在这支广告里却讲吸烟的四大好处，这样的开头对人有很大的诱惑力，让人想看下去。

其一，吸烟可以节省布料。因为烟吸多了以后，很容易患肺痨，久而久之，人就会变成驼背，整个身体也会跟着萎缩，越变越小。所以买的衣服尺寸也会慢慢减小，从而节省不少布料。其二，吸烟还可以防贼防盗。因为吸烟多的人，往往都容易患上气管炎，这会导致通宵咳嗽，停不下来。本来想悄悄溜进来的小偷，听到咳嗽声，会以为主人仍然醒着没有睡而离开。这样就保住了财产，避免了损失。其三，吸烟还可以防止蚊虫叮咬。因为，从嘴里吐出来的浓烈的烟雾会直接把蚊子熏晕，让它们不敢靠近，只能远远地躲开，这样就保护了自己，使得蚊子对你叮咬不上。其四，吸烟可以让你永远保持青春的模样。因为烟吸多了以后，会让你等不到老去便早早死掉，这样你的面貌就会一直是年轻时候的模样，让人没有任何机会看到你年老时候的样子。

这里所讲到的抽烟的四大好处，实际上表达出来的意思就是吸烟对人体的危害。但与以往不同的是，它以"好处"作为切入点，明修栈道，暗度陈仓。不是平铺直叙吸烟的危害到底有多大，而是从另一个角度，反过来说正面的话。虽然说出来的全是"好处"，但在笑笑之余，也会令听到的人心里打颤。特别是那些吸烟比较厉害的人，听到这些话，多多少少会有点反思，对吸烟这个事情谨慎看待。这样，劝诫的效果也就很好地达到了，不加任何强迫，让吸烟者自戒之。

正话反说的魅力就在于，它能让你的话变得幽默的同时又变得很有说服力。不管是批评也好，建议也罢，这种方式都能引发人的主动思考，而不是被动接受，所以也能在生活中的各种社交场合被广泛应用。对于现代社会的人来说，一种幽默的说话方式已经不单单是一种可有可无的性格特色了，而是现代圈子共同追求的风度与素养。正话反说是幽默里面的一个小小的元素，操练好了，就变成自己的一种才华和力量了。

表达秘籍

1. 正话反说也可以同时加上极度夸张的手法，将你所要批判的错误进行放大，让对方对自己的荒谬性有一个充分的认识。从而达到一种醍醐灌顶，幡然悔悟的效果。

2. 一般情况下，运用这种技巧都是先扬后贬。就是把好话说在前面，与后面你要讲到的话形成一个比较鲜明的对比，以便突出问题。

3. 顺着说比对着讲道理更有力，先抚平说话者的情绪，再表达自己的观点。消除了情绪，别人才有心情听你接着说下去。

·偷换概念，就地反击·

人与人在正式的工作场合之下的沟通都是简要明确的语言表达和思想沟通，这是一种有必要且最恰当的交流方式。而幽默则不一样，有时候我们本意上想要说的是一件事情，却会以与之看似无关的另一件事情说起。这就是我们平常所讲到的偷换概念，意思就是，在谈话过程中，我们有时候会用另外一种概念去解释对方说话的原意。这种方式之所以能造成强烈的幽默效果，是因为幽默型的思维主导的并不是实用与理智，而是感性与情感。所以这种破坏式的思考方式对于交流表达中的幽默效果是有其建设性意义的。

从前，有一位旅行者，经过了好几个月的艰苦跋涉，身上的干粮都吃完了。饥渴难耐的他走进了附近的一家小食店。

他拿起一个奶油面包问老板："请问这个多少钱？"

"六先令一个，先生。"老板回答道。

"那请给我来两个吧。"他对老板说。

老板给他包好两个奶油面包递给他，这个旅行者又问道："请问，这个啤酒多少钱一瓶呢，老板？"

"十二先令一瓶，先生。"老板仍然大声地回答道。

"老板，我现在非常想要喝这个啤酒，因为我走了太远的路了，渴得厉害。我现在能不能拿刚才的这两个奶油面包来换您的这个啤酒？"他看着老板，坚定地问道。

"当然可以啦，两个奶油面包刚好也是十二先令。"老板爽快地回答道。

于是，这位旅行者递上自己的奶油面包，又接过来老板手中的啤酒，迫不及待地开了盖，将啤酒一饮而尽。一直站在旁边的老板看着他喝完，以为他就要付账了。没想到，这位旅人只是擦了擦嘴巴，然后重新又背起身边的背包，就要准备离开。

这下老板急了，叫住他，客气地说："先生……"

还没有等老板说完，旅行者就打断了他的话，有点不耐烦地说道："怎么了，难道今天还不让我走了吗？"

老板有点急切地说道："不是这样的，只是您刚才喝了啤酒，好像忘了付账了。"

"刚才那个啤酒我不是用那两个奶油面包跟你交换的吗？我还问过你的，你说可以。"旅行者不甘示弱。

"可是之前那两个面包您也没有付钱呀，先生。"小店老板更加急切地说道。

"可是那两个面包我本来也没有吃啊，我为什么要付钱呢？"旅行者瞪着小店老板说道。

那位老板在心里嘀咕："对呀，那两个面包他还给我了，确实没有吃。"想到这里，老板竟然挑不出旅行者的任何毛病，只得看着他扬长而去。

你能找出这则故事里的错误在哪里吗？其实，这个旅行者就是偷换了概念。他把"没有付账的两个奶油面包"偷换成了"已经付过账的两个奶油面包"。所以，当他用面包去换啤酒的时候就变得顺理成章。还有就是，他把"用面包换到的啤酒"和"用来兑换啤酒的面包"这两个一样的概念区别开来。这样，小店老板找他付账的时候，他也就能成功逃单。

我们在平时生活中，应该也见过不少这样的例子。所有人的思维就像轨道上的火车，当它们处于同一个轨道线上的时候，如果中途有人改变了方向，就相当于我们在说话过程中改变了某些词语概念的内涵或者外延，让它变成另外一个概念，或者也有把几个相同的概念分开为不同的概念的情况。

我们知道，中国的语言里，很多词汇都具有多义性和歧义性。我们只要抓住了对方讲话的关键词汇，就能巧妙地偷换概念。

偷换概念的幽默效果往往会让人出乎意料。事物发展的结果可以有很多种，如果我们抛开以前陈旧的逻辑思维习惯，对一个事物产生更多新的想象与预测，就会得到更多的结果反差，所以幽默效果也会更加强烈。

有一位老总在劳务市场招到一名雇工，谈到工钱问题的时候，老总对雇工说："工钱的话就这样，我给你吃，给你喝，给你住，给你穿，你看行不行？"

雇工满口答应，当场就和老总签订了合同。

这天晚上，雇工吃喝完毕早早地就躺下睡了，一直到第二天十点多还没起床。老总怒气冲冲地去找他，大声呵斥道："我雇用你是来打工的，不是来睡觉的！"

这个雇工却轻描淡写地说："老板，你怎么才来呀？我现在吃完了喝完了也睡完了，按照昨天签的合同，现在就等你来为我穿衣服了。"

这个小笑话里的雇工就是把合同里的吃喝穿等同于老板为其服务吃喝穿，这当然不是同一个概念，却能产生不同凡响的效果。

不难看出，偷换概念的技巧就是暗地偷换或转移某个概念的内涵或外延。转换得越隐秘，越离谱，后期所引起的落差或惊喜就越强烈。而这种概念与概念之间的掩饰越是自然，所表达出来的结果也越容易被接受。一般情况下，人们处于理性思维状态下的谈话都具有一种稳定性，即词语概念与意义的稳定。而当角度转换之后，表面上看是一种漫不经心，实际上却是有备而来。因为现实生活中人们利用的偷换概念的技巧都是无意中发生的，但其实也是有意设计的，这是针对性很强的幽默技巧。

表达秘籍

1.抓住对方话语里的几个关键词汇，特别是那些容易引起歧义，或者本身就带有多义性的词汇，然后进行概念转换。这就是有针对性地抓住漏洞，改变原来词语的含义。

2.在概念的转换过程中，一定要平衡好前后的关系。如果出现推理矛盾，不仅达不到预想的效果，还会让自己的话漏洞百出。

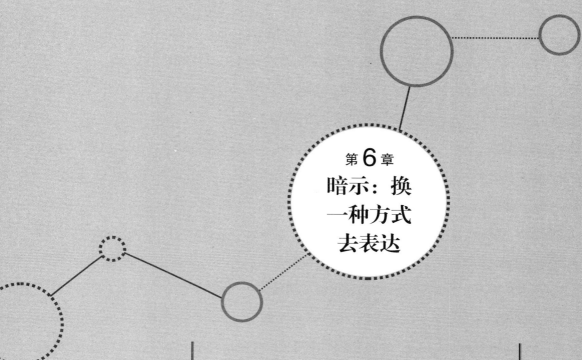

第6章

暗示：换
一种方式
去表达

有时我们在向他人开口的时候，由于某种原因，无法直接表达自己的想法，这时候就需要我们学会换一种方式来说明，例如借物喻人，这样既不会伤了双方的和气，而且还能有效地表达自己的想法，可以称得上是一举两得了。

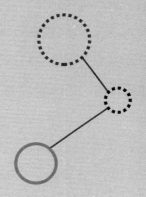

·怎么对别人进行暗示·

有人说这世上最美好的事情莫过于：自己喜欢的人也喜欢着自己。诚然，两情相悦的确让人羡慕，可实际情况却是：总是遇不到自己喜欢的人，又或者喜欢自己的人自己不喜欢。我们经常在电视剧中或者是文学作品中，看到过男人向女人表白的情形，有的人接受了，有的人拒绝了，被不喜欢的人表白大概是一件不那么愉快的事情吧。

有不少人是从朋友发展成恋人的，可以说是日久生情了。如果发现自己的好朋友喜欢自己，但自己对他并没有感觉怎么办？对方只是偷偷地喜欢，我们也不能直接说出拒绝的话，毕竟对方什么都没有说，但是如果不能让对方明白，这对对方来说也是不好的。所以这件事还是要说的，关键在于怎么说才能不伤了感情。比如一对异性朋友，女生对男生产生了好感，男生发现了这回事，但是女生就是不说出口，本以为可以这样一直当好朋友，但是终于有一天女生控制不了自己的感情，准备向男生表白。两个人约了一起吃饭，男生注意到女生和平时不太一样，两个人聊着天，女生的脸色变得有些严肃。在她开口前男生先开口了，说起了某个话题。有一个很好的话题就是说自己最近好像喜欢上了一个女孩子，然后请对方帮忙给自己点意见，接着自然就会说到对方的性格、长相等话题，最关键的是一定要强调：你是我最好的朋友，我想听听你的想法。经过这样两方面的暗示，女生就会感受到男生的态度，通常而言，当女生明白自己就算表白还是会被拒绝的时候，就不会再表白了，毕竟如果表白的话，结果还是被拒绝，而且还有可能失去这个朋友。

我们在和人交流的时候，如果对方一直在说一个话题，而我们不喜欢这个话题的时候，就可以对他进行一些暗示。比如当对方一直在滔滔不绝地说话的时候，忽然问我们对某件事的看法，我们可以这样说："对不起，你刚才问了什么？"对方可能会再次重复一遍刚才的问题，我们接着表达自己的观点，然后对方又说，我们依旧表示没听到。一般来说，这样的回答只要两次对方就会明白我们的暗示了：我们对这个话题不感兴趣，为了不让自己尴尬，对方也不会再继续这个话题了。或者在对方说话前多次打断，也许起初对方不能明白，但是多次地重复之后，对方就会明白我们的间接暗示。想用这种暗示方法要分人，像对领导或者其他长辈，就不太适用，这会让他们觉得被自己冒犯了，而且还会觉得我们是一个没有礼貌的人，这一点在使用的时候应该多加注意。

　　试想一个难得的小假期，你在家里休息，原本准备好好休息一下，放松放松，这时候有人来家里找你。人们的生活节奏很快，都没有时间坐下来好好交流，所以能交流思想也不是什么坏事。但是，如果这个人今天来找你聊了一天，明天又来聊了一天，这样的访客你能接受吗？通常我们称这些人为不速之客，因为他打乱了你原本的计划，对方不知道，这是可以理解的。但是如果一再地破坏我们的计划，应该让人很难理解了，如果对方说的话还是没有什么意义的内容，这就相当于在间接地浪费我们的时间了。有一句名言说："无端地空耗别人的时间，无异于谋财害命。"这样看来，很多人都在"谋财害命"，他们知道或是不知道，仔细想想我们有没有这样做，如果有的话，就应该尽快改变了，别成为被人讨厌的对象。我们以为自己是在"舍命陪君子"，可实际上我们"舍命"的结果是：对方并没有意识到这是我们在做出让步，认识不到自己是在浪费我们的时间。面对这样的访客，我们也并非束手无策的，只要表达到位，就能让对方知难而退。当对方到来的时候，由于我们是主人，所以一定要掌握主动权，我们可以说："今天我们就好好谈谈这件事，我就当给自己放假了，不过明天我得工作了，老板交代的任务不能耽误的。"像这样的表述，我们一说出口对方就会明白我们的暗示，第二天就不会来打扰了，而且因为我们先说出了今天好好谈，之后的暗示虽说也属于逐客令，但是却不会让人觉得不舒服，毕竟每个人都有自己要做的事。如果家中孩子或是伴侣在家的话效果会更好，告诉对方："我们声音小一点吧，我伴侣最近身体不太舒服，正在休息"以及"我的孩子在正在屋里复习，最近有一个考试，我们别打扰他"，这样的话更容易让对方感受到我们的暗示，而且也不会觉得尴尬，因为我们所说的都是人之常情，一般情况下都能理解，也不会每天做客了。还有一种非常实用的方法，那就是在墙上显眼的地方贴标语，诸如"请勿大声说话""拒绝闲谈"等标语，这样对方就能在最短的时间里看到这些信息，这些标语就相当于另一种表达方式，让人得到暗示，而且这些标语并不是针对某个人的，所以即便是来访者看到了，也不会觉得难堪了。

我们在与人交往的过程中，免不了发生一些意料之外的事情，这个时候也许不适合我们直接说一些话，或者说出的话可能会给对方造成一些伤害，让人丢了面子，所以说这个时候就比较适合用暗示的方法，让对方明白我们的言外之意，既避免了尴尬，也解决了问题。有的时候，即便不能从根本上解决问题，也能缓解一下气氛，不至于让人颜面扫地。尤其是在大庭广众下，一个人出了错，更不能直接指出其错误，可以借助暗示法让对方明白自己的错，让这件事成为一个小插曲，不至于影响人际关系。只要我们采用恰当的暗示，就能收到理想的效果。

表达秘籍

1.抢在对方前面说话。如果我们已经知道对方对我们有意思，预感到对方最近会表白，那么在对方约我们出去之后，我们一旦发现他们有说出表白的话的迹象的时候，抢在他们面前说，一次不行就两次。我们三番五次地抢在对方说话前打断对方，他们很快就会明白我们的暗示，通常都不会再说下去了。

2. 借物喻人。不便和对方明说或者说出口的话容易伤到自尊心的情况下，我们可以借助某个东西向对方暗示彼此不可能，这样既保留了他的面子，又能把伤害降到最小，可以说是一种非常管用的方法了。

·避开锋芒，侧面进攻·

当他人出了错，或是在大庭广众下有一些不恰当的行为时，我们该怎么让对方意识到自己的错误？通常而言我们不会选择直接指出，一是因为这样的方式并不一定能让对方接受，另外就是我们这么做对我们自己的人际关系也有影响。所以这种情况下，我们时常采用委婉暗示法，就能在很大程度上避免出现以上问题。

在与人交流过程中，我们应该分辨对方话中的意思，当对方说出的话我们不能接受的时候，应该有清楚的头脑予以反驳。反驳的话谁都会说，但是怎么把话说得圆满，让对方无计可施才是我们要学习的。一次偶然，有一位商人遇到了著名诗人海涅，他不喜欢这位犹太诗人，所以他对海涅说："前段时间我去了一个小岛，你知道岛上最让我吃惊的是什么吗？"海涅表示自己不知道，于是反问他是什么。商人笑呵呵地说："岛上面既没有犹太人，也没有驴子。"这里商人所说的就是话里有话，他是把犹太人和驴子相提并论，实际上是在暗讽犹太人，海涅对此回答道："没关系，我们两个一起去就可以弥补这一缺憾了。"面对这种情况，海涅没有破口大骂，而是用同样的方法，暗示对方是驴子，这样的暗示反而让对方更加无话可说，只会让对方碰一鼻子灰，这可真是"偷鸡不成蚀把米"了。

有一位外国宾客在某大酒楼里吃饭，酒店里非常讲究，外宾坐到位置上的时候，注意力就被桌子上做工精美的筷子吸引了，吃饭的时候，他对这双筷子爱不释手，萌生了一种想法——打算偷偷带走它。这位外国宾客在最后要了一份茶点，他私下看了看，没人注意自己，就把桌子上的筷子偷偷放进了口袋里。外国宾客自以为自己做得天衣无缝，却没想到自己的行为被一位女服务员看在了眼里。女服务员把这一事件告诉了经理，经理和她说了几句话，女服务员点点头，然后转身去了酒店后面，没一会儿就托着一个精致的盒子走到了这位顾客面前，微笑着对顾客说："先生您好，抱歉打扰到您了，我看您在吃饭的时候一直摩挲着我们的筷子，想必您一定非常喜欢，您很有眼光，这种筷子是景泰蓝专门制作的，所以非常精美。看到您对我国的手工艺品这么喜爱，于是我征求了经理的同意，把这双经过消毒的、本店花型最漂亮的景泰蓝食筷，以本店的优惠价送给您，您觉得怎么样？"外宾看到了盒子里的食筷，的确比他刚才拿走的那双还要精美，而且自己刚才的行为一定被服务员看到了，既然她这么说了，那自己就趁着台阶下了，说是自己可能喝多了，所以才会迷糊糊地把筷子放进口袋里的，说着就把筷子拿出来放在了桌子上，并向服务员道谢，欣然接受了她的建议。然后风度翩翩地拿起小盒子走向了柜台结账。看见美好的东西就想要，这是人之常情，可以理解，但是如果不暗示这位外宾，那么有一就会有二，别人也会跟着学，久而久之势必将会给酒店带来很大的损失。所以应该让对方明白自己这样做是不对的，但是表达的时候要注意，切不可让对方下不来台。服务员巧妙地暗示外宾：没有消毒的筷子是不能使用的，拿走了也没用，最后外宾花钱买了一双消过毒的筷子，可他依旧觉得很开心，而酒店也没有什么损失，可以说这样的暗示，是非常成功的。对方有不对，我们可以指出来，但是一定要明白：没有人喜欢被人一针见血地指出自己的问题，即便我们说的是正确的，对方也不会愿意听，因而找到合适的方法就显得格外重要。不方便直说的话，可以用暗示的方法，不指出错误，一样能让对方明白。

美国钢铁公司的第一任总裁查尔斯·史考伯是一位非常有智慧的领导人。有一天中午查尔斯去一家钢厂办点事情，在路过工厂门口的时候，他看到了一群刚吃过午饭的员工，三三两两地聚在一起抽烟。按理说吃过饭又没开始上班，几个人抽着烟聊着天，不能说是犯错，但问题是查尔斯注意到在他们旁边，竖立着一个"禁止吸烟"的指示牌，非常醒目，显然这几位工人是明知故犯了。换成其他领导，可能早就发火了，会狠狠地批评这几个人，说他们不遵守规定，但是这样的做法，并不能让人心服口服，更严重的会直接让他们辞工，所以这种情况下，批评显然会让工人们觉得非常尴尬。而查尔斯和一般的领导不同，虽然他也生气，可他并没有斥责那几位工人，只见他走到他们几个人中间，从自己的口袋里拿出了一盒雪茄，分给了众人，然后才开口："看来大家都是同道中人，我也知道你们平时上班很辛苦，抽烟是在所难免的，但是在这里抽烟好像不太好，万一有危险那就得不偿失了，要是你们能到外面抽的话，我会非常感谢你们的。"几位工人听完他的话，都意识到自己的错误了，于是立刻灭掉了自己的烟。后来大家才知道和他们说话的这个人是总裁，但想到他不但没有责备他们，也没有开除他们，反而还心平气和地把自己的烟分给他们，几个人都为自己当时的行为感到愧疚，同时也为查尔斯的大度和智慧所折服。从那以后他们再也没有犯过这样的错误了。员工犯了错，固然是要让他们认识到错，然后才能改正错误，但是如果不注意方式、方法，则很容易挫伤对方，以至于发生冲突。有的时候直接批评并不能让我们看到想要的结果，所以也许下次我们可以试着换一种方法，换一种与众不同的方法，既能让对方不至于丢了面子，达到想要的效果，还能让对方从心底里接受，如此何乐而不为呢？

表达秘籍

1.侧面启示。在某种情况下，直接告诉对方他自己不知道的尴尬，或者是错误，很容易让别人下不来台，如果是在大庭广众之下，那么很有可能会被人记恨。所以不妨换一个角度，从侧面告知对方，这样能免去对方的尴尬，对方也会收到我们的暗示，直路走不通的时候，不妨试试曲线救国，或许会有意想不到的收获。

2. 帮对方留后路。当别人做错事的时候，我们又知道这件事，自然不会什么也不说，但是说话前要多想想，切不可把话说太绝，即便是别人犯错了，我们也不应该因此就把对方批评得一无是处，这样不给别人留面子，就等同于不给自己留后路，是不可取的。

3. 不走寻常路。换句话说就是：不按套路出牌，别人知道自己错了，但就是不愿意承认怎么办？我们不说对方错了，而用另外的方式表扬他们的错，这样别出心裁的做法，很出人意料，这样的交流是不会有人拒绝的。

·少用否定词，塑造正面印象·

　　暗示对人有着很大的影响，其影响可能是正面的，也可能是负面的，用好心理暗示，可以让我们不断成长，变得越来越好。一旦人接受了一些暗示，这样暗示就会在不知不觉中改变当事人的行为、表达甚至是为人处世等。可见暗示对人的重要性，所以，不管是为了我们自己还是为了他人，我们在暗示的时候，都应该尽可能多地使用积极的、正面的暗示，即便是别人犯了错，需要指出的时候，也应该注意这一点。当我们对他人或是自己有消极的暗示时，便会在有意无意中让人心情变得糟糕，有些越不想发生的事情，越是发生了。关于这一点，生活中有一个常见的例子可以参照，那就是在我们骑自行车的时候，发现前面有一个石头心中想着千万别撞上去，然而越是这样想反而越会撞上。因此我们在暗示别人的时候，都应该尽量减少对否定词的使用。

　　大多数孩子都曾经被人批评过或表扬过，不管是表扬"懂事""聪明"还是批评"调皮""不集中注意力"，其实这些都在无形中给了别人一种暗示，或者说是被贴上了某种标签，一旦这种标签被我们"接受"了的话，我们就会按照标签上所说的内容发展，成为别人所说的那种人。那么同样是暗示，是给人贴标签，有的人被贴上好的标签，所以变得越来越好；而有的人则被贴上不好的标签，不管是人的心理还是思想等方面都有可能变得很糟糕。有一位优秀的棒球手受邀去监狱里给犯人做演讲，他说自己小的时候玩棒球，结果打到了父亲的牙上，把父亲弄得满嘴血，不过父亲并未因此生气，而是告诉他："孩子你以后一定会成为一名优秀的棒球手的。"他听后深有感触，觉得自己可以做到，于是有空的时候就练习棒球。有一次没控制好球的方向，家里的窗户被打碎了，父亲不但没有责怪他，而且还用之前的话鼓励他，后来他凭着自己的努力和父亲的不断鼓励，终于实现了父亲所说的理想。听到这里，监狱中的犯人纷纷小声议论，有一个犯人愤愤地说自己小时候也和他一样调皮，但是他的父亲不但没有表扬他，反而时常骂他，说他将来一定是个混混，结果他真的变成了混混。可见当一个人一旦被别人下了某种结论，自己也很容易变成那样的人。其实在每个人身上都存在着无限的潜力，只是得到了某种暗示后，就变成了对人有着极大影响的一种力量，而正是这种力量，我们才变得更好或是更坏。

当你遭遇了人生的低谷时，发现许多人在嘲笑你，他们说你是个失败者，然后你受到了这些暗示，你试着重新开始，结果发现自己不断地碰壁，好像所有的好运气都离你而去，于是你自暴自弃，悲伤的情绪一直跟随着你，然后你也终于承认：别人说得是对的，自己真的是个失败者。又或者是另一种情况，当你身边的人都给你鼓励，告诉你你能行的时候，你信了，然后你也真的如他们所说，取得了一个又一个的成功。这两个例子中心理暗示起到了很大的作用，虽然其中也有其他原因，但必须承认的是前者占据了很大的部分。"良言一句三冬暖，恶语伤人六月寒"就可以很好地印证这一点。生而为人，我们应该与人为善，在别人遭遇不幸的时候，应该多多说一些鼓励的话，这样才能给他们一些安慰，而不是对别人恶语相向。每个人都会遇到不顺心的时候，这没什么可怕的，可怕的是自己被这些不顺心所影响，觉得自己做什么都做不好，不断地给自己消极的心理暗示，结果错过了一次又一次的机会，反而说是自己运气太差，没有遇到贵人等，总之把这一切都归结于别人，却不知道是自己画地为牢，所以才深陷其中。你觉得自己没有贵人相助，总是幻想着哪一天自己能被伯乐看上，从此前途一帆风顺，进而走上人生巅峰；可实际情况是没有伯乐，你也不是千里马，你觉得自己已经很优秀了，但是你什么都不做，只是每天盲目地告诉自己："我只要耐心等待伯乐就好。"这的确也是一种心理暗示，只是心理暗示如果不能与人的实际行动结合在一起，那么这一切都没有意义，也不会成为现实。而且即便我们等到了伯乐，恐怕自己的时间也被浪费得差不多了，这时一切都已经太迟了，再后悔自己当初没有好好努力也晚了。

当你觉得自己总是处于一种不满意的状态时，就应该认真思考一些问题了。比如是自己的方向错了，还是自己根本没有去努力，你总是感觉自己身心疲惫，说自己付出了那么多，为什么还是没有令人满意的结果。你奇怪自己明明也用积极的心理暗示自己了，但是看起来好像没什么效果，所以你心里质疑："暗示都是骗人的，否则我给了自己那么多肯定的暗示，怎么都不起作用？"这就好比想要成功的人不知道该做什么，于是买了几本成功学的书，希望可以从中学到些什么，也试着学着书上面所说的去行动，但是往往是三天打鱼，两天晒网，很快就回归到原始的状态了。一个人想成功，不是只凭想就能做到的，我们看别人的经历，可以从中找出值得借鉴的地方，最重要的依然是自己的行动。积极的暗示不是万能的，它是一个途径，通过它我们很有可能唤醒另一个自己，比现在更优秀的自己、不同的自己，这才是暗示带给我们的力量。给自己积极的心理暗示，在某个程度上而言，这就是一种很好的鼓励自己改变的方法，我们会为了达到一个目的而坚持不懈，让那些不可能成为可能。人生处处充满挑战，同时也是一个不断提高的过程，当我们面临困境时，不要害怕，更不要否定自己，而是暗示自己："冷静下来，我可以解决它的。"有了积极的暗示，你解决问题的方式会越来越多，人也会变得很有自信；如果心里想的是："完了，这一次我又要失败了。"然后你就会"如愿以偿"地失败了，就像是一个循环，至于是恶性循环还是良性循环，很大一部分原因都在我们自身。当别人对我们有消极的暗示时，应该有选择性地接受，而不是别人说自己不好，就真的觉得自己不好了。暗示别人的时候也应该多说鼓励的话，塑造正面的、积极的形象。

表达秘籍

1. 营造一个良好的氛围。我们对别人不可能总是说肯定的话，必然也免不了否定的话，但即使是说否定的话，我们也要注意在一个良好的氛围里表达，因为好的氛围，能使人说服对方的成功率大大增加，以情动人、以理服人，才能让人心服口服。

2. 不要过多使用否定词。不管对方是谁，我们都不适宜对其说太多的否定词，否则的话不仅会影响两个人的关系，还会让对方有一种压迫感。俗话说："哪里有压迫哪里就有反抗"，所以不要试图以暴制暴，巧用以柔克刚，会有不同的情形。

3. 寄希望。通常人们在被别人寄予某种期望的时候，他就真的会慢慢朝着这个期望去改变自己，所以说正面的话，有利于让对方变得更加优秀，请不要吝啬对他人说鼓励的话。

·肢体语言表真心·

我们在与人交流的时候，不但可以通过语言来表达自己，而且还可以借助眼神、手势、动作等传递信息，表达情感，我们把这些东西统称为肢体语言。有一位心理学家曾指出人们在交往过程中，纯语言成分占7%，语调所占比例为38%，剩余的55%则由非言语语言所表现，用公式表达为：信息总效果＝7%的书面语＋38%的音调＋55%的面部表情。从这一表述中我们可以看出：肢体语言在我们的交流过程中占据十分重要的地位。罗曼·罗兰的名言就对此做了很好的解释："很多世纪以来，以面部表情这种语言培养出来的成功，比从嘴里讲出来的更复杂的语言要多千百倍。"人们可以控制自己说什么话，但是很难控制自己的肢体语言，原因就在于这是人的无意识动作。生活中这样的事例非常常见，许多家长在孩子做错事的时候，会训斥他们，孩子们看起来听进去了，因为他们嘴上说的是："知道了，我以后不会再犯了。"但是他的脚尖却朝向门口，这就很有可能意味着他心中已经不耐烦了；商场中一对情侣在买衣服，女的试了衣服问男的："怎么样，好看吗？"男的看了眼说："好看。"然后目光就四处游离，或是低下头玩手机，他的真实想法可能是：这件衣服并不适合她，但是我说出来她会不高兴。这些有趣的现象只要你用心，就能知道对方心中的真实想法。

巴黎卢浮宫博物馆里，展览着一幅名为《蒙娜丽莎的微笑》的画作，这幅画出自达·芬奇之手，是博物馆里镇馆宝物之一。说起这幅画，人们最先想到的往往是蒙娜丽莎那神秘莫测的微笑。但吸引人的到底是什么，是蒙娜丽莎的好身材，还是她那优雅的气质？这幅画的关键就在于她的嘴巴，当人们从不同的角度甚至是不同的关注点去看画的时候，就会有不同的效果，所以有的人觉得她没有笑，有的人觉得她笑得很严肃，还有的人认为她的笑容略带讽刺。说起来就是一幅画，蒙娜丽莎也不会说话，她就被定格在那里，但是因着她神秘的微笑，我们看到了多个表情的她。正是这样神秘的笑容，才让我们在看过一眼以后再也没办法忘记，这就是肢体语言的魅力所在。

通常人们都会使用语言表达自己，因为一些原因，我们在某个时候说出的话并不是自己的真实想法，因此向他人表达的时候，我们的语言可能会存在弊端，但是身体的语言往往能反映最真实的情况。当我们在和对方交流的时候，发现对方看起来像是在听我们说话，但是他的动作却是双手交叉置于胸前，那么很有可能说明：对方不想再和我们交流下去了。如果我们注意到这点，就要尽快结束自己的话题了，假若没有发现对方已经心生厌烦，我们一直在说，对方就可能对我们的谈话感到厌倦，甚至是对我们留下了一个糟糕的印象，这对我们而言，显然不是一件好事。

而且在某些情况下，与语言表达相比，肢体语言能收获更好的效果。古人云："君子动口不动手。"但对于现在的我们来说，与人交流的时候，不但要动口还要"动手"，这里的动手可不是打架的意思，而是说借助肢体语言更好地向他人表达自己的想法，这样不但能让对方对我们所说的一目了然，而且比只表达更有感染力。俄罗斯有一位名叫巴卜耶夫的商人，他时常奔波于各个国家。原本与巴西的顾客谈好了合作，但就在要签合同的当天，巴卜耶夫却忽然生了病，以至于他只能待在床上，但是这个项目对公司而言非常重要，为了表现公司的诚意，他派自己的儿子巴卜耶维奇去签合同。巴卜耶夫的儿子对项目并不了解，听不懂巴西语，虽然有翻译和自己的助手，他还是不太能放心，但这是唯一的办法。儿子安慰父亲不要担心，说自己有办法，但是当巴卜耶夫问他的时候，他却说暂时保密。过了很久巴卜耶维奇才回到医院，巴卜耶夫还一直在担心：是不是事情没有办成，所以才耽搁了这么长时间。不过看到巴卜耶维奇春风满面的样子就知道自己的担心是多余的，果然巴卜耶维奇告诉父亲自己已经圆满地完成了任务。

巴卜耶夫对于儿子之前说的方法更加好奇了。于是询问了和他一起的人，既然合同顺利地签了，为什么这么长时间才回来？助理也是百思不得其解，他说："巴卜耶维奇说话不太多，但是我看到他时常做一个手势。巴西商人也注意到了这一点，他看起来非常高兴，还一直赞美他，说他是个优秀的倾听者。这实在是令人难以置信！"巴卜耶夫听了这一番解释，不但没有明白，反而变得更加困惑了：就做了手势对方就不停赞美？到底是什么样的手势？助理接着说："巴西人十分健谈，这一点您了解的，合同签完后，对方一直在滔滔不绝地说话，但是巴卜耶维奇并没有丝毫不耐烦，他仔细听着翻译说的，明白了对方的意思，并且做了那个手势，对方就更加开心了。所以我们这么长时间才回来。"说着助理做了那个动作，巴卜耶夫看着那个动作觉得非常吃惊，因为这个动作是侮辱的意思，儿子说这个动作在他们国家是侮辱的意思，但是在巴西意思却不一样，它代表的是赞美、祝你好运。巴卜耶维奇在对方说话的时候，能认真倾听，而且听到对方说到高兴的事情时做了那个动作，对方接收到了这一信息，又怎么会签不成合同？由于不同的肢体语言在不同地区意思可能是不一样的，所以我们应当在充分了解这些意思后再进行使用，否则的话不但达不到好的效果，还会使得人际关系变得紧张。

由此可见我们在与人交流的过程中，不但要善于动口，也要勤于"动手"，这样一来对方不但接收到了我们的言语信息，还能通过我们的非言语信息更深刻地了解我们，我们的心中所想才不至于被误会。当我们言行一致的时候，对方就会感受到我们的真诚。要知道我们不只会用嘴巴说话，也会用动作说话，所以这一点也是我们不能忽视的。

表达秘籍

1. 多关注眼睛。有一句话说"眼睛是心灵的窗户。"我们说话的时候，应该多注意对方的眼睛，语言可以是假的，但是眼神却往往骗不了人，如果不能注意到眼睛里的信息，有可能会错失很多东西。

2. 真诚的动作。想让他人明白自己真诚的话，除了要用真诚的语言说服对方，还要辅以真诚的肢体语言，例如真诚的眼神等，让对方能更深刻地理解我们，从而促进沟通。

3. 注意细节。很多时候我们明明觉得自己说得很好，该做的也做了，但是却没有达到预期的效果，那么原因可能出在自己对细节的处理上。"千里之堤，溃于蚁穴"，越是小的东西越是容易被人忽略，越是让人失败，所以在与他人交流的时候，我们身上的东西都可能成为对方观察的对象，想要让人感受到真诚，我们就不能是单纯的嘴上真诚，别让细节败了我们。

·积极暗示力量大·

著名的心理学家罗森塔尔曾做过下面这个实验。罗森塔尔和自己的助理一起到了某学校，他们在各个年级中都抽出了一部分人，给他们一些试题让他们做测试，罗森塔尔把试卷收上来以后，并没有看他们的答题情况，而是从中随意挑选出一部分人，并告诉老师们，这些孩子潜力很大，以后必然会超越其他的同学。又过了大半年的时间，罗森塔尔再次来到这所小学，结果发现：当初被他随口说的那些有潜力的同学普遍取得了较大进步。这次实验就被称为历史上著名的罗森塔尔效应，又被称为期待效应。为什么会出现这样的情况？就是因为老师们听了罗森塔尔的话之后，会不自觉地关注他所说的那些学生，平时在自己都没有意识到的情况下，给予了学生们很大的鼓励，而收到老师信号的同学，则觉得自己在老师心目中是不同的，老师更加看重他们，他们自然就好好学习，不让老师失望了。这次的实验证明了：给人积极的暗示，能让个体发挥出自己的才能。

第一次世界大战的时候，不少人患上了一种叫"弹震症"的病，患病的人表现为：四肢无力，无法杀敌，严重者甚至会瘫痪在床，但是军医给出的结果却是：查无病因。病因都不清楚，又怎么能对症下药，这可让将军们发愁了。巧的是当时著名心理学家麦独孤是随军人员，他也算是医生。他告诉士兵们：自己是一名医生，一定会把他们的病都治好。之后麦独孤拿了一支笔，在一位病人的膝盖下方画了一个圆圈，然后非常坚定地告诉他：你的腿明天就会有感觉了。起初许多人并不相信，毕竟连军医都束手无策，他就随便画了个圈就能把人治好？但是第二天麦独孤去检查的时候，那位士兵说自己的腿确实有了一点感觉。后来的日子里，麦独孤每天都在他前一天画圈的下面再画上一个圈，最后画到脚背上，这个士兵已经恢复得生龙活虎了。是不是觉得很费解？麦独孤也没有开药，这个画圈不过是个幌子，重要的是他每次都会用肯定的语气说话，给了士兵积极的心理暗示：我一定会好起来，结果是他们真的好了。由此可见，心理作用的功效不可小觑，积极的自我暗示具有化腐朽为神奇的力量。

心理学家在一个教室中做了一个实验，他向学生们展示了一个香水瓶，里面装的是一瓶液体，心理学家说："这是一瓶香水，我想请大家来闻闻它是什么味道的。"同学们纷纷跃跃欲试，心理学家把瓶盖打开，拿着香水瓶走遍了教室，让大家细细品味那个味道。当心理学家再次回到讲台上的时候，下面的学生们七嘴八舌地说起自己闻到的味道，有人说是茉莉味的，有人说是玫瑰花味的，还有人说是洋甘菊味的，总之答案是五花八门。而心理学家在听完这些回答后不置可否，他示意大家安静下来，然后告诉大家这个香水瓶中装的是清水。知道这个答案的同学们忍不住大笑起来。这就是心理暗示的神奇力量，因为大家知道这个人是心理学家，所以对他所说的话不会怀疑，这就相当于给了自己一个潜意识，在这个暗示下，学生们的行为则朝着这个方向变化了。当我们用积极的词语暗示自己的时候，大脑就会接受这个指令，多给自己积极的心理暗示，告诉自己"我可以""我能做到"等振奋人心的话，随着这些话的重复，我们就会慢慢地变好。当然心理暗示也应该是基于现实的，脱离实际的暗示，再怎么重复都是没用的。不要因为一时的失败或别人的打击就一蹶不振，我们应该正确地看待自己。只要自己坚信自己，别人再怎么说都不会影响到我们，而且每个人都有优点和不足，如果只把眼睛放在不好的地方，那我们永远也不可能成功，看到自己的缺点应及时改正，有长处就积极发扬它，当我们给自己鼓励和积极的暗示后，我们就会充满自信，而一个自信的人在与人交谈的时候，对方也能感受到这种自信，从而交流变得顺利、和谐。想想一个自卑的人，在与人交谈的时候，怎么能让对方相信自己能做好一件事？又有谁会和这种人合作呢？

帕伍艾鲁是一位跳远运动员，他非常喜欢跳远，在他大二那年，他最好的成绩也就是 7.47 米，身边的朋友和老师都觉得他的成绩不会超过 8 米了，可是他不认输，还是坚持训练。在全美终局比赛上，他输给了获得过 65 次跳远冠军的卡尔·刘易斯，而他只不过比冠军低了 1 厘米，旁人都觉得十分可惜。帕伍艾鲁没有气馁，每次训练的时候，他都告诉自己：我一定会打败刘易斯，一定会打破他的纪录的。帕伍艾鲁和刘易斯在东京跳远比赛中再次相见，刘易斯这一次的成绩让人惊叹，因为他刷新了自己的最好成绩，他以为自己就要获胜了，而帕伍艾鲁跳了 4 次都没有超过他，原以为稳操胜券了，但万万没想到帕伍艾鲁在第五次的时候居然跳出了 8.95 米的距离，甚至超过了刘易斯的 8.91 米，他成功地刷新了 23 年不曾被人打破的世界纪录，赢得了全场的喝彩。后来帕伍艾鲁在接受采访的时候告诉记者："所有人都告诉我刘易斯是个神话，没人能打败他，但是我做到了，我成功了！"然后他就说除了艰苦的训练，更重要的就是每天给自己积极的暗示，显然这种暗示起到了作用，就是凭着这样必胜的信心，他打败了一个传奇，让世界上的人都认识了他，他成了另一个传奇。

表达秘籍

1.放大优点。每个人身上都有优点也有不足，有许多人只看到自己的不足，就觉得自己这里也不好、那里也不好。这种消极的自我暗示，会让人变得越来越自卑。应该看到自己的优点，时时地提醒自己，一个优点就有可能衍生出另一个优点，这样优点会越来越多，人也会更有自信。

2. 切勿以偏概全。有的人因为一件小事做错了，就会想：我怎么连一件小事都做不好，然后又想到自己脑子也不聪明，脾气也不好等等，这样想下去，就会发现自己一个优点也没有。不要因为某件事就否定自己，错了改正就好，一味地否定自己，只会让自己陷入无休止的困境中。

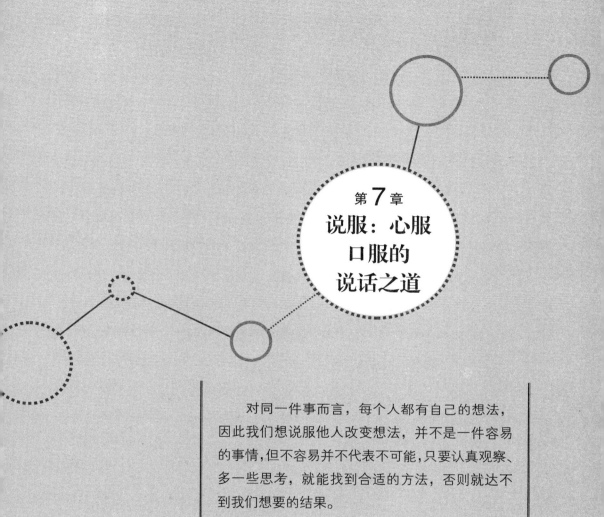

第7章
说服：心服
口服的
说话之道

对同一件事而言，每个人都有自己的想法，因此我们想说服他人改变想法，并不是一件容易的事情，但不容易并不代表不可能，只要认真观察、多一些思考，就能找到合适的方法，否则就达不到我们想要的结果。

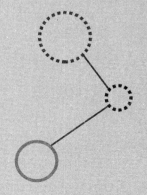

·以退为进创机会·

一位顾客在超市里溜达了许久，拿起两样东西，一直在纠结要哪一个；一位女士看中了一件大衣，但是她总觉得太贵一直在犹豫不决；孩子不爱学习，父母看在眼里急在心里，但是不知道要怎么说，说多了怕孩子烦，少了又怕起不到效果。生活中这样的事例比比皆是，想要解决这些问题，就必须学会说服别人，正确的说服既能让对方感受到自己的真诚，又能让对方做我们想要他做的事；说服的方式、表达不对，则会让人产生厌烦之感，甚至对我们的人际关系产生不良的影响。

《法言·君子》中有这样一句话："昔乎颜渊以退为进，天下鲜俪焉。"这句话的意思是过去的颜渊即便是生活条件没有那么好，但对他而言居于陋室依然可以乐在其中，他把退让看成了前进，这样的思想境界，很少有人能达到，更别说是超过了。"以退为进"这个成语就是从这里产生的，这不但是一种好方法，而且还在许多方面可以给我们一些启示。康熙是清朝一位皇帝，但是他在继位的时候，还不过是一个小孩子，朝中的各种事情他还不明白，这时候自然就需要一个人来辅佐皇上，由于鳌拜在当时为国家立下了汗马功劳，所以他理所当然地成了这一人选。鳌拜手中执掌大权，虽说康熙是皇上，但其实更多的时候，他更像是一个傀儡。鳌拜有了权力，心中有了野心，他想谋朝篡位自己做皇帝。随着康熙年龄的增长，他心中明白这件事，但是由于自己根基不够稳固，出手控制鳌拜还不是时候，于是整日和自己的朋友们厮混，以等待时机。某次康熙微服和索额图一起到了鳌拜家中，鳌拜以为自己的心思被他知晓，从被子中摸出了一把刀，准备杀人灭口。索额图立即阻止鳌拜，用自己的手握住了刀。康熙故作不知说道："我们满族人自古刀不离身，索额图不必大惊小怪。"鳌拜以为康熙真的这么想的，于是对他的看管也没有那么严了，放松了戒心，后来康熙成功地将鳌拜抓获，最终真正地掌握了权力。当时的康熙处于被动的状态，于是他只能选择以退为进、韬光养晦的方法提升自己的实力，最终拿了鳌拜。如果那次刺杀，康熙说的是鳌拜以下犯上之类的话，其后果可想而知。正是因为他的退让让自己前行的时候有更强大的力量，才能化险为夷。

英国一位画商在闲逛的时候，发现了一个人在卖三幅画，这位画商经过认真辨认，发现这三幅画均出自大家手笔，作为商人，他已经看到了这三幅画的价值，于是他下定决心不管出多少钱都要买下这些画。画商问卖画的人这些画卖多少钱，卖画的人开价250美元。画商在这一行已经混迹多年，所以对于价格自然很清楚，其实这个价格很合理，但是作为商人当然希望自己能多挣钱，于是问对方能不能便宜点，对方表示这些画价格很合理，这已经是最低价了。商人不甘心，一直试图让对方改变主意，卖画的人也一直不肯松口，他想让商人买下这些画，然而两个人谁也没能说服对方。卖画的人一生气，伸手拿了一幅画当着画商的面直接毁掉了，画商觉得卖画的疯了，同时也十分心疼那幅画。不过商人心疼后又觉得有些窃喜，毕竟三幅画只剩两幅了，这下总该便宜点了吧，结果卖画的出价依旧是250美元，画商觉得不值，就在考虑要不要买。而就在他思考的间隙，卖画的又毁掉了一幅画，画商不可思议地看着卖画的人。这最后剩下的一幅画是画商最喜欢的，他怕卖画的毁了这最后一幅画，赶紧问他这幅画要多少钱，对方直接开口500美元。画商忍无可忍，质问卖画的人："明明之前三幅画一共250美元，怎么现在就剩一幅画了还要500美元？"卖画的人并未直说，而是先给他讲了一个故事。说是有个收藏家手里有着世界上仅剩的两枚邮票，当时这两枚邮票价值是 25 万美元，他在卖出这两枚邮票的时候，当众毁掉了一枚，然后立刻就有人花了 100 万美元买下了仅存的一枚。听完这个故事，画商明白了这里面的道理，也不说话了，卖画的人又开口："同样的道理，我想你应该明白，我手里有三幅画的时候它们值 250 美元，现在只有这最后一幅了，俗话说'物以稀为贵'，这最后一幅画最少 500 美元，假如你是真心想要的，那我就卖给你。"虽然画商心里万分舍不得，但他还是拿出了 500 美元买下了这幅画。卖画的人无疑是很有智慧的，他毁掉了其中的两幅画，在仅剩一幅的情况下，成功地让画商花了原来两倍的价钱买了它，不得不承认，这种以退为进的手段，让自己拿到了最大的利润，令人钦佩。但是要注意一点的是，卖画的人看透画商一定会买画的心，所以他才这么有恃无恐，如果他没有看明白这一点，那么他必然不敢做这么冒险的事情，否则不但赚不到钱，还会赔上两幅画，这可就是得不偿失了。

　　《史记》中同样有一则这样的故事。说楚庄王非常喜欢一匹马，所以这匹马有了和其他马不同的命运，其他马吃饲料、睡马棚还被训练，这匹马整天就是养尊处优。然而过上好日子的马却并没有落得好下场，因为吃吃睡睡，这匹马不堪体重负荷死了。楚庄王听了这个消息特别难过，他决定用大夫的安葬礼仪来处理这匹马，还要为它举行葬礼。这个想法把百官个个吓坏了，他们纷纷上奏说这样不合礼仪，楚庄王非常生气，下令谁再阻止这件事就斩了谁。百官们束手无策，宫中有一位叫优孟的艺人跑到皇宫中，一句话没说就大哭起来。楚庄王就问他为什么这么伤心，优孟说："像楚国这样的大国，有什么事是做不到的？大王心爱的马死了，我觉得只用大夫的礼仪安葬对不起它的身份，所以我想请求大王以人君的葬礼厚葬它，这样才能显示大王对它的宠爱。"楚庄王一听，终于有人不反对他了，所以高兴地问："那你觉得具体该怎么做呢？"优孟回答："我建议用上等美玉来当它的棺材，用精美梓木当外棺，用各种名贵的木材当棺材板，士兵去挖坟墓，老人孩子背土，让各国的使臣前后护送。再为马建一座寺庙，放上牌位，杀猪宰羊祭祀，同时追封它为万户侯。这样天下的人就都知道大王重视马轻视人了。"听了这话的楚庄王终于明白自己错得有多离谱了。同样是劝大王改变主意，众大臣的话并不能让其改变主意，而优孟这一招以退为进，看似与楚庄王的心意一致，实际上只是在为之后的说服做铺垫，有了这一铺垫说服的时候让对方接受的可能性就大大提高了。

> **表达秘籍**

1. 学会让步。两个人交流产生分歧的时候，往往是双方各执一词，谁也不让谁，这时就使事情陷入僵局。想要打破这种僵局，必然有一方要做出牺牲，我们可以先退一步，这样就能缓和紧张的气氛，两个人也不会有剑拔弩张的感觉，然后再说出自己的想法，这样会更容易打动对方。

2. 态度要温和。本来交谈的双方都是据理力争的，此时若有一方怒气冲冲地说出一些不好听的话，那么两个人的交流很有可能到此为止了，所以即便是想要说服对方，说话语气和态度也应该温和，切不可因为生气，让对方产生逆反心理，那么就会事与愿违了。

·找准突破口让人信服·

很多时候，我们在和别人交流的时候，之所以不能说服他们，有一部分原因，就是因为我们没能取得别人的信任，是对方觉得我们就是在故意和他们作对，他们不信任我们，所以我们的说服自然就达不到效果。我们说服别人就是想让对方改变自己的想法，而改变通常是困难的，在这一过程中，对方会不自觉地产生一种抵制心理，当我们把这堵墙推倒的时候，我们就成功了一半，所以重要的是我们要克服眼前的障碍。说服别人的时候，应该找到合适的突破口，有了这个突破口，我们才能抽丝剥茧让对方被我们所说服，找对这个口，对方就较容易被说服。大道理都会说，但不见得每个人说了就有人愿意听，有的人说服别人的时候，一开始就说大道理，对方自然不乐意听，但是如果找好了突破口，从突破口入手，逐渐深入问题核心，同时在谈话过程中能关注对方的情绪，及时地调整自己的策略，就一定会有出人意料的效果。当我们和对方达成一致，即在情感上产生共鸣后，就能获得对方的理解，在这样的情况下再去说服别人。站在对方的角度考虑问题，想想如果是自己能否接受。向对方表明自己的立场，如果对方觉得你们是同一个立场的，就会觉得你们是盟友，是有共同思想的；相反，只考虑自己，为了说服而说服，对方必然不会接受。

战国的时候，有一位著名的工匠叫鲁班，他对于木工工具和制造兵器非常擅长，所以楚国为了攻打宋国，就命他制作云梯。墨子得到了这个消息后，着急地从齐国赶往楚国，他走了十天十夜才走到郢都见到了鲁班，想劝鲁班不要这样做。

两个人见面后，鲁班问墨子，此次前来是不是对自己有什么指教。墨子并未直接说出自己的目的，而是先请求鲁班帮自己一个忙，他说："我被一个北方人侮辱了，我很生气，所以请求你帮我杀了他。"鲁班一听这话就不愿意了。墨子又说："我可以给您一千两黄金作为您的报酬。"鲁班义正辞严地拒绝了，他说："我这个人崇尚仁义，不会随便杀人的。"

墨子听到这话，起身拜了拜鲁班，然后说："那么就请您听我说几句话吧。我听说了您要造云梯帮助楚国攻打宋国。宋国难道有罪吗？楚国是个地域辽阔的大国，本来人就少，现在还让这些人去攻打宋国，为的就是争夺更多的地域，这样的做法实在是称不上明智。既然宋国没有罪过，那么去攻打它的这一行为就不能叫仁义。知道这个道理但是什么都不敢说，这样的人不是忠臣。努力争取了却没有达到目的，也不算是坚强。我请求您帮我杀一个人，您尚且拒绝，您帮助楚国造云梯杀死宋国更多人，这是一个道理您却不会推理了。"墨子的一番话，说得鲁班心服口服，他承认了自己的错误。在这里墨子说服鲁班的时候，所找到的突破口就是：鲁班坚持仁义原则，正是因为墨子了解鲁班的性格，所以他才能找到这个突破口，进而对鲁班循循善诱，让他"以子之矛攻子之盾"，进而认识到自己的错误，被墨子所说服。之后墨子又进宫，用同样的方法说服了楚王，墨子所说的话让楚王明白自己攻打宋国是一个非常愚蠢的决定，最后他放弃了攻打宋国的计划。

十月革命胜利以后，被沙皇一直占领着的皇宫成功地被军队占领了。曾经生活在沙皇统治下的农民们知道了这个消息都欢呼雀跃着，高兴过后想起曾经的压迫，他们感到了无限的痛恨，所以他们个个手持火把义愤填膺地要去烧掉这所曾被用过的皇宫。被沙皇压迫的人们，一看到这个建筑，心头都升起了无名火，他们红着眼看着这座宏伟的宫殿，好像他们面对的不是一座皇宫而是沙皇本人，他们要杀死他，如此才能一泄心头之恨。无数的知识分子听说了这件事情后，急急忙忙赶来试图阻止他们，但是没有一个农民愿意听，他们越是阻止，农民们心中越不明白，这个宫殿还留着做什么，所以他们更加坚定了烧它的决心。

人在逆反心理的作用下，会做出许多冲动的事情，等到酿成严重后果的时候才追悔莫及。眼看烧皇宫已经避免不了了，农民们的情绪也异常激动。列宁一听说这件事后，迅速跑到皇宫门前，他先是真诚地对农民们说："大家想烧掉这座皇宫的心情，我非常理解，皇宫也不是说不能烧。"列宁这话一说，农民们心想：总算有人支持他们了，看来他不是来阻止他们的，于是就对他没有那么多敌意了。列宁接着说："但是在烧皇宫前，我想请问大家几个问题，你们愿意听我说说吗？"由于之前农民听他说可以烧皇宫，便下意识地认为他和他们是同一战线的，所以他们没有拒绝，就问他有什么问题。列宁问大家："原本是谁在皇宫里住的？"大家齐声说："是以前俄国的统治者沙皇。""那皇宫又是谁修建的？"列宁又抛出了一个问题，农民们七嘴八舌地说："当然是我们这些老百姓了。"听到这个回答，列宁笑着说："这座建筑是我们老百姓辛辛苦苦盖起来的，那么让我们老百姓的代表住在里面岂不是更好？"大家听到这话，觉得很有道理，于是纷纷放下手里的火把。列宁问出了最后一个问题："所以大家还要烧了它吗？"人群中传出了"烧它干吗""不烧了""留下吧"这样的回答。因为列宁的劝说，这座举世闻名的皇宫才没有被付之一炬。

人们在生气的时候，容易把自己的情绪转移到身边的其他人或者其他东西上，这个时候想要说服当事人就更加不容易了。列宁先顺着农民们的意思，说出烧皇宫，让他们放下戒备，然后再慢慢抛出问题，让他们自己去思索、去抉择，最后成功地说服了众人。虽然看起来是农民们在决定，但其实是列宁让农民们以为"是我在做决定"，这样说服别人才更加成功。所以说我们在说服别人的时候，也可以用这个方法，即让对方以为那是自己的想法，从而否定了自己之前的想法，然后在不知不觉中接受我们的说服。

表达秘籍

1. 给予关心。当我们试图说服别人的时候，尤其是在很危险的情况下，实施起来往往很困难，我们要做的就是尽可能地用诚恳的态度对待他，并用真诚的心关心他，让对方感受到温暖，这样就可以使抵制心理大大减弱，方便我们说服。

2. 让对方明白我们是朋友而非敌人。有的人会根据别人说的第一句话，就会判断对方是不是和自己站在同一战线，当发现对方站在自己的对立面的时候，就会下意识地把他当成假想敌，那么不管对方说什么，他都不会再听下去了。所以我们想说服别人的时候，应当让对方明白我们是出于好心，并不是为了打击他，这样才能减轻敌意。

3. 可以在劝说前制订一个计划。在对对方有一定了解的前提下，抛出问题，让对方自己回答，然后层层深化，让他走入我们的"陷阱"中，从而自我否定。这样环环相扣的说服，就能让对方认识到自己的错误，接受我们的说服。

·巧寻共同点赢得好感·

有的人性格很固执，或者说很难被别人说服；有人是因为天生性格如此；而有的则是在别人试图改变他们的想法的时候，习惯于拒绝别人，久而久之也就更难被说服了。如果想要说服这种人，我们就不能强迫别人改变他坚定的那方面，换句话说就是我们可以试着找出和他相同的东西：例如相同的兴趣、价值观等，我们可以从这方面入手，与对方交流，进而引起对方的兴趣，然后在愉快的交流氛围中让对方轻而易举地改变想法。

有研究曾经表明：当你想说服别人改变的时候，你自身越等同于他，他转变态度，接受改变的可能性就越大。我们每个人都是独一无二的，自然不可能和其他人一模一样，但是我们可以说自己在某一方面和别人一样。有一句名言可以验证这一点："一个造酒厂的老板可以告诉你为什么一种啤酒比另一种好，但你的朋友，不管是知识渊博的还是学识疏浅的，却可能对你选择哪一种啤酒就有更大的影响。"我们朋友自然和我们在某一方面存在着共同点，所以他们做的决定也会在无意中影响我们。而且人都有一种希望与别人相同的心理，不管是谁都一样，只不过在每个人身上体现的程度不同罢了。销售人员在推销自己的东西时，时常使用这一策略，他们在观察顾客后，在与顾客交谈的过程中善于抓住两者的共同点，这样对方就会有一种惊喜感，便会忍不住打开话匣子，而且在潜意识中会把对方当成自己的朋友，这时再去说服，对方的抵触情绪就不会那么强烈，也愿意认真倾听了。

崔先生原本在一家公司里上班，但是由于公司收益不佳，很多员工都纷纷跳槽，寻找更好的地方发展了，崔先生也是这其中之一。崔先生先是辞了工作，接着找了好几家公司去参加应聘。其中有一家规模很大的公司通知崔先生过两天去面试。由于机会难得，他不想让自己错过这次机会，所以在面试的前几天，崔先生去了这家公司，想多了解一点消息。崔先生在公司进门处发现了一些轮船模型，经过辨认，崔先生认为那些模型是精心制作的。由于崔先生自己也很喜欢轮船，所以家里也有这些模型，但并没有这里的那么精美，就忍不住多看了几眼。刚好有一位大楼管理人员看到，于是走过来问他："先生您好，请问需要什么帮助吗？"崔先生说自己是过几天要来面试的求职者，就提前来了解下情况。那位员工很热情地和他说了公司的一些基本情况，崔先生认真地记在了心里，最后他问了门口的轮船模型，对方兴奋地向他说道："我们老板特别喜欢轮船，所以他也收藏了很多的轮船模型，大楼里很多地方都能看到这种模型。"崔先生听完这些消息后向对方道了谢就离开了，原本他还有别的打算，但是他改变了主意，直奔家中上网查了关于轮船的一些资料，还把自己以前买的与轮船有关的书籍都拿了出来恶补了一番，虽然有的东西被搁置一段时间了，但好在还没有完全忘记，所以重温也比较快。崔先生去公司面试的那天发现连考官的桌子上都放着轮船模型，无意中就准确地说出了那些轮船的名字。这一点让对面的面试官有些诧异，就问他是否对轮船有所研究。崔先生回答自己比较喜欢轮船，平时看新闻的时候也会关注这方面，还列举了一些自己知道的轮船。最后的结果是崔先生被公司录取了。诚然这里面有幸运这个因素存在，但是崔先生本身也是有能力的，他因为兴趣而关注轮船，结果在面试的时候，考官也喜欢轮船，这就是双方的一个共同兴趣，这一点足以让考官对其产生好感，在这样愉快的情境中，让公司录取自己绝非难事。现代竞争这么激烈，多少人都想出人头地，如果想说服考官对我们刮目相看，可以和他说一些彼此都感兴趣的事情，俗话说："知己知彼，百战不殆"，就是这个道理。一味地表现自己的与众不同，并不一定会让对方有好感，相反，聊一些彼此都喜欢的事情，这样两个人的距离不自觉地就会靠近。领导面对自己的下属，用好这一方法也能有效地说服对方。想要说服自己的下属，让其不只是嘴上听从，而应当是打心底里肯定，领导若能找出自己和下属之间的"同"，借助这一点，就能轻易地缩短双方的距离，这样在说服的时候会很有帮助，哪怕原本脾气有些急躁的下属，听到领导这样说了，也不会再急急忙忙地说出反对的意见，而是静下心认真思考，从而减少上下级之间的矛盾。总而言之，这个方法可以在多个方面帮助我们说服他人，而且能让事情的成功率大大提高。

　　在一些商务谈判中，想说服对方投资自己，就应该学会找出一个好的切入点，这样才能让我们不至于处于下风。我们不是为了赢对方，而是要和对方有平等的位置，这样沟通起来才会是顺利的，仰视或俯视都不会长久，要么让自己不舒服，要么让对方觉得自己受到了侮辱，这两种情况无论是哪一种都是不利于我们的说服的。迅速拉近双方距离的一个好办法就是发现双方的共同爱好，可能是对一场电影有特别的感受，可能是对某个事件有相同的看法等等，这些都是我们可以参考的，找到共同点，我们就能感受到和对方在心灵上的共鸣，这种共鸣让人更加印象深刻。在双方熟悉的情况下，再说服别人，这件事就会变得没那么困难，至少对方心理上的戒备心会少一大半。有了共同的认同感，能让双方互相理解，交流思想的时候，就会发现两个人的不同之处，这时我们说服对方，对方即便没那么快转变想法，也会认真地倾听我们的想法。这种方法比较适合彼此不是特别熟悉的人使用，共同点并没有好坏之分，如果我们恰好和对方在某方面一致，就会给对方留下好的印象，这对我们的人际交往也是有很大帮助的。但是让别人对我们有好感，却不全是为了说服别人，也许将来需要我们说服别人，但也绝不是为了说服才让别人对自己有好感，这是两码事。

表达秘籍

1. 寻求一致的地方。虽然人与人是不同的，但是我们总会在某个方面和别人是相同的。如果想要让别人心甘情愿地改变，可以试着找出彼此的相同点，然后把想法慢慢融入谈话中，这样会容易很多。

2. 谈谈彼此的喜好。我们知道，想要和别人迅速建立起良好的关系，并不是件容易的事情，但是如果我们的某个喜好恰好和对方一致的话，那么彼此就会产生一种知音的感觉，良好的人际关系都已经有了，说服的时候，把握自然就会更高一些。

·抓住要害下猛药·

从《华佗传》里面延伸出了这样一个成语："对症下药"。医生给病人看病的时候，应该根据对方所患疾病开出合适的药方，由于病有不同，药方自然也不相同，有什么病开什么药才能药到病除。同样的道理：我们在劝人的时候，也应该像医生一样，对不同的人采用不同的方法，说话要抓住重点，说到对方心坎儿里，这样才能达到说服别人的目的，否则只顾着自己说，而我们说的对方一点都不感兴趣，这样的话就没什么意义了。

同样是说服别人，有的人啰啰嗦嗦说了一大堆，列举了条条框框，对方却依旧不为所动，而有的人短短几句话就能让对方改变了主意，这其中的差别就在于有没有抓到重点，也可以说有没有正确地揣摩别人的心理。上司给员工交代了一件事，但是员工表示自己做不了，事实上做不了并不是因为这个人能力不够，很有可能就是因为对方不想做。这时候身为上司自然可以直接批评他，让他必须完成这个任务，但是下属的心中一定是不痛快的，即便是真的接受了这件事，也不见得会付出最大的努力做。这时候想要说服他，可以采取鼓励的办法，告诉他这件事不是每个人都能做，之所以交给他就是因为相信他能做好，而且这件事做得好了，还会给公司带来很大的效益，进而影响个人的前途等，这样一番话说下来，对方心中必然受到鼓舞，也能感受到上司对自己的信任，说不定还能实现自己的价值，这样一想就会心甘情愿地接受这件事。巧用鼓励，抓住对方心理，就能让我们在说服别人改变主意的时候，更加有说服力。

揣摩别人的心理，让自己站在对方的角度考虑问题，了解他缺少的是什么，心中迫切的愿望又是什么，接着我们就可以向他展现愿望达成后的蓝图，当对方看到不远处的美好未来时，就会从内心产生一种强大动力，然后我们只需稍加点拨，对方就会自己转变态度，从而愿意做一切事情。所以说服别人的时候，我们与其一直说自己能给对方什么，倒不如让对方了解他们能得到什么，我们给予的虽然也很好，但可能并不是对方想要的，所以把他需要的给他，对他而言就是最好的满足。人的发展与自身需要有密切的关系，有了需要人才会为达到某一目的不断努力、不断拼搏，自身的动力远远比外界的影响更大。

说服别人有一种境界是让别人以为那是自己的主意。即便一件事是一个人应该去做的，但是被别人说出这件事，还要别人说服自己做这件事，那个人心中也是不舒服的，因为对于一个人而言，这好像是在被别人掌控一样。但如果是自己的事情，做起来也会心甘情愿，毕竟没有任何人会否认自己的主意不好。这是一种逆向思维，需要更高的说服水平。想用好这种方法也不难，在我们想说服别人前，先找出一些关键点，或者说是一些提示，然后在交流的过程中一一抛给对方，引导他独立思考，最后他会自己得到一个结论，这时这个结论往往和我们之前预想的相差无几，也就达到了说服的目的。但是用这种方法的时候应该注意，不能太过刻意，否则会让对方发现，这样对方原本愿意改变的，现在也不想改变了，还是那句话，因为不想被人指挥。

我们知道，对待不同的人应该选择不同的说服方法，至于如何选择，有几个点可以帮助我们，一是对方的性格。性格果断的人，只要我们帮助其分析出利弊，对方就能很快地做出正确的决定，不需要我们再三地说服。而有的人说话办事总是优柔寡断、犹豫不决，即便是我们用了很长时间说服对方，他还是不能下定决心，想说服这样的人，我们就必须采取其他措施，比如适时刺激一下对方，那么他就会听我们的。总而言之，了解对方的性格，才能有针对性地进行说服。二是了解他的兴趣爱好。人人都有优缺点，找到对方的兴趣爱好，从对方喜欢的东西入手和对方交流，谈自己喜欢的东西，每个人都能说出来很多话，一旦我们让对方打开"话匣子"，与对方在某方面有一个共识，这时想要说服别人就会容易得多。三是理解对方的想法。虽然说我们是为了说服对方改变想法，但这并不意味着我们就可以完全地否定对方的想法，如果在我们劝说别人的时候，发现对方不愿意改变自己的想法，这时应该清楚：对方所以这么坚持，一定有他的想法，我们不妨让对方说出来，这样才能知道问题究竟出在什么地方，我们才能找出解决的办法。对方没有轻易被我们说服，一定有他坚持的理由，我们就不应该不停地强调自己的想法，而应该帮助对方分析，了解他内心的真实想法，并找出其中值得肯定的地方，以此当作突破口，才有可能使我们的说服成功。另外还要注意被说服者的情绪、态度。如果对方没有集中精力或是对方表现出的态度并不友好，这时候我们的说服效果必然会大打折扣，应该积极地把握对方的心理，才能在恰当的时机进行有力的说服，这对我们而言是一件非常重要的事情。

有时候不是我们不会说服，只是因为我们没有找到打动对方的那个突破口，这种情况下，即便是我们换了一种说服方式，也同样是无法说服对方的。多花一些时间和心思了解对方，才能选择最合适的方式说服对方，避免出现对方话未说完就被我们"断章取义"，误解对方的意思，对方又怎么愿意听我们的劝说。只有把说服的话说到对方心里面，他听进去了，我们的说服才是有效果的。《孙子兵法》中有"攻城为下"一说，后来马谡在写给诸葛亮的信中又说道："用兵攻心为上，攻城为下。"诸葛亮正是应用了这一策略，才有了我们现在知道的"七擒七纵孟获"的故事。说服的时候同样也是这个道理，流于表面的说服，就像是把水泼在干涸的地面上，结果也不过是水过地皮干。但是深入人心的说服，才是源源不断的河水，才能滋润这一方大地，也即达到说服的目的。

表达秘籍

1. 了解对方的需求。当我们知道对方想要什么或者希望看到什么，我们就去让对方明白：他想要的我们都有或者我们能办到，这样还怕说服不了对方吗？

2. 找到关键点。这个关键点就是对方想要的，和我们希望对方有的，一旦我们找到了这两者间的联系，那么就可以不费吹灰之力地说服对方。

·说服也要分步骤·

我们都知道，在做数学题的时候，想要解决问题，就必须一步一步按步骤来，后一个步骤是前一个步骤的必要条件，有了这些步骤我们才能顺利地达到目的。这个道理应用在我们的生活中也随处可见：通常在做事情之前，我们都会先制订一个计划，然后按照步骤一步步不断接近我们的目的地，这样能更好地完成任务。所以我们想要说服别人，也不是随便说说就能成功的，而是有目的地、有计划地说服。

首先想要说服别人必须要有充分的准备。俗话说："机会是留给有准备的人的。"什么都不做的人，就算是再好的机会放在面前也是抓不住的。只有提前准备，才有可能应对接下来出现的各种问题，而且也能对对方有充分的了解，在这个前提下，想要说服别人就会容易一些。我们想要说服别人，就必须花费一些时间和精力去了解我们的说服对象，清楚知道对方正处在什么样的情形之中，我们在了解的过程中必然会获得资料，但是对于这些资料我们应该有选择地加以辨别，毕竟不是所有的资料都是正确的，只有抽丝剥茧，才能做出正确的判断。对于资料不加分析，凭自己的一厢情愿去说服对方，其结果肯定不会尽如人意。只有正确地了解事情的起因，对对方的情况有总体的把握，才能做好充足的准备，从而说服别人。

其次是给自己鼓励。想说服别人之前，应该让自己有一个良好的精神状态，告诉自己：我相信自己可以做到。如果连你自己都不相信自己能说服别人，别人又怎么会相信你说的话。只有对自己信心十足的人，在说服别人的时候，才能让对方也感受到我们的心态。同样是销售人员，有的人就能说服顾客购买产品，而有的人却做不到，这里面除了口才因素外，还有另外一个很大的原因，那就是对自己是否充满信心。试想作为一名销售人员，在顾客询问的时候，对于产品的优点说得头头是道，专业知识完备。但是在对方问你会不会买的时候，自己支支吾吾说不出来，就会给顾客留下一种不好的感觉，他们心里会想：既然有这么好的东西你为什么不买？难道说这东西没有你说的那么好？或者在顾客提出问题的时候给出的回答是模棱两可、词不达意的，你对自己的产品都没有信心，又如何让别人相信这种产品是好的呢？当我们给自己鼓励，也就等于给了自己充足的信心，一个有自信的人，必然是一个有热情的人，当我们用自己的热情对待别人的时候，别人也会被我们所感染，愿意听我们说下去。如果自己都没有足够的信心，说服别人也不过是一件痴人说梦的事情。

我们要建立一个良好的人际关系。有研究表明：一个人是否接受他人对自己的说服，一般而言，他都会先考虑对方和自己关系的亲密程度。如果是自己熟悉的、信任的朋友来说服自己，由于彼此信任，因此对于对方提出的建议，我们会认真考虑，深思熟虑后觉得有道理，就会转变自己的意见，从而达到说服的目的。但如果被说服者和说服者之间并没有达到非常熟悉的地步，最好还是先不要去说服他人。这种情况下，我们应该先与他人建立良好的关系，让对方信任我们，有了和谐的人际关系，我们在说服对方时才会有好的效果。否则的话，说服别人不但不会成功，而且还会给对方留下糟糕的印象，更加不利于我们的人际关系。即便有的时候，我们是出于好心想劝解别人，但是对方不一定会领情。有的时候想说服别人，应当认清自己在别人心目中的分量，如果关系没有达到很好的话，不要急着说服。

要明白说服不是吵架。当我们在说服别人的时候，两个人也是平等的关系，而不是对立的敌人，如果一开始就定位错了这个关系，之后的说服效果可想而知。而且说服是把自己的观点、想法说出来，让对方明白并且愿意改变，而不是把自己的思想强加在别人身上，让别人抛弃自己的想法，对我们言听计从。即便是我们所说的，对方一时半会儿还不能理解，那也没关系，因为如果我们说的是对的，那么时间一长，对方自然就会明白这一点；假如我们说的是不正确的，或是失之偏颇的，这时我们也没有因为把这些东西强加在别人身上，而让对方犯错了。如果一直争辩、反驳对方，那么即便是侥幸赢了别人，这些胜利也不过是空的，因为我们为了赢别人已经失去了对方对我们的好感。意见不同时，应该互相商量，拿出有力的证据，而不是比谁的声音更大，谁站在高位上。

我们说服别人，不是通过胡搅蛮缠或者一哭二闹三上吊来强迫别人的，而是和对方讲道理、摆事实让对方从心底里明白：这样做是对的。武力不能使人屈服，即便屈服了也不是永久的。即便是同样的说服，有的人去说效果就很好，而有的人则把事情办砸了，最后闹得不欢而散。问题很有可能就出在劝说者身上，可能是因为他没有找好时机，还可能因为他没有注意自己的表达方式，甚至是因为没有选对地方等情况，这些东西都可能影响到最后的说服结果。选择一个双方都能放松的场合，在一种愉快、休闲的氛围中，通过摆事实、说道理让对方接受我们的说服。尽量避免在公共场合说一些话，这样很容易因为说服不成功，而引起双方的不愉快情绪，人一旦被不良情绪控制，往往会做一些不好的事情，所以为了避免这一情况，我们应该尊重对方，不能让人觉得自己丢了面子。通常情况下，只要我们用平和的态度与对方交流，站在对方的角度考虑问题，抽丝剥茧地让对方认清事实，对方都会乐于接受的。另外要注意的地方是，我们在说话的时候，言行应该是一致的，如果对方发现我们下意识的动作和我们所说不相符的时候，他们往往相信我们下意识的动作，因为这给人的感觉更真实。

表达秘籍

1. 多站在对方的角度考虑。如果我们只想着自己，一心以为我们是为对方好，所以对方就必须改变主意听我们的，这样的想法是不对的。不会换位思考的人，不可能说服对方改变心意，只顾着自己劝说，不考虑别人的感受也一样不会被人所理解，也就不能说服别人了。

2. 用热情感染别人。不要小看热情，打个比方，卖同一样东西的两个商家，他们的东西质量和价格都差不多，但是销量却相差许多，其中一家的店员总是以高昂的热情对待自己的顾客，详细地向他们介绍；而另一家的店员，则往往是顾客问什么，他们才回答。假如我们是顾客，会选择哪一家店？答案很明显。第一家店就是用热情，在不知不觉中说服了顾客，让他们心甘情愿地购买产品。

3. 换汤不换药。有的时候对方很难被我们说服，而我们又必须说服别人，这就要求我们多次尝试了，但是同样的话说得多了很容易招人厌烦，所以即便要重复，也应当换一种表达方式，这样既不会让人厌恶，还能让成功的可能性更大一些。

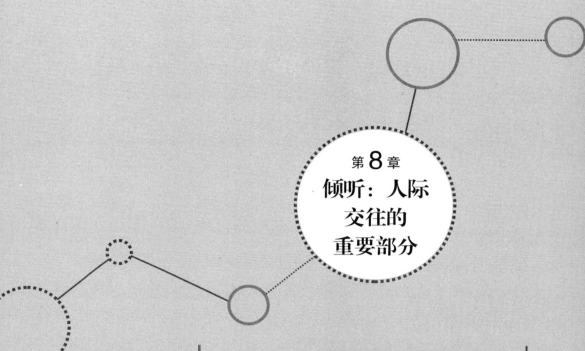

第 8 章
倾听：人际
交往的
重要部分

我们承认表达对于自身的重要性，但并不意味着别的事情就不重要了，比如说倾听。一般而言，会说话的人是受欢迎的，但是如果一个人为了炫耀而说话，不顾别人的意愿，自说自话，那么他只会给人留下负面的印象，所以我们不但要会说，还要会听。

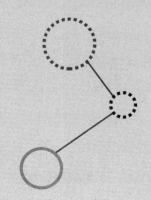

·学会倾听很重要·

莫里斯有过一句名言："要做一个善于辞令的人，只有一种办法，就是学会听人家说话。"还有一个成语叫"沉默是金"，可见倾听在我们的人际交往中占据了多么重要的位置。倾听顾名思义就是认真地听、用耳朵听，实际上倾听的含义不限于这些。我们不但用耳朵、用心去聆听别人所说的话，更重要的是理解对方所表达的更深层的意思，这其实是一门艺术。有时人们依靠言语获得的信息不够全面、不够准确，所以为了获得更准确的信息，我们的关注点不应当仅仅存在于别人说的话中，更重要的是能辨明深层次的含义。如果对于别人说的话，我们全盘接受就很有可能出现错误的决定，对我们的人际交往产生负面的影响。所以我们应该用耳朵去听别人所说的话，同时用眼睛注意对方的非言语信息，才能准确地向对方表达自己，使我们产生心灵上的共鸣。

古时候一个小国向中国进贡宝物，其中有一件宝物是三个金人，这三个金人奇就奇在它们不但外形完全相同，就连重量都是分毫不差。小国的使臣问皇上这三个金人哪一个最有价值，这个问题可难倒了在场的人。他们绞尽脑汁也没有想出解决办法，使者不禁洋洋得意。正当众人一筹莫展，以为成为笑柄已经是板上钉钉的事情时，一位已经告老的老臣说自己能解决这个难题。皇上于是召这位大臣上殿，大臣分别拿了三根稻草插进金人耳朵里，第一根稻草从耳朵中出来了。第二根稻草从嘴巴里出来，而第三根稻草则掉进了金人的肚子中，然后他给出答案：第三个金人最有价值。原本以为天朝无能人的使者，听到这样的回答也不得不承认他所说的就是正确答案。这个故事告诉我们会说的人不一定是最有价值的。学会倾听不但是尊重他人的表现，而且也是一种很好的赞美。

明朝有个人，草根起家却当上了明朝的开国皇帝，他就是明太祖朱元璋。朱元璋之所以能当上皇帝，不仅是因为他本人确实有才能，而且也离不开身边的人对其的辅佐。不管是打败陈友谅、张士诚还是到最后统一了江山，朱元璋每次做决定之前都能认真倾听有志之士的看法，在诸多的建议中选择最合适的一个并且去完成它。朱元璋在没有当上皇帝之前就能积极地倾听身边的人给出的看法，这一点在他成为皇帝之后也依然保持着。当上皇帝后，朱元璋规定了一个时间，每天都会在后花园中听一些名人谈治国之道。这些倾听在日积月累中为国家的稳定和富强奠定了良好的基础。

无独有偶，唐朝的贞观之治奠定了后世两百多年的基业。之所以有这样的场面，离不开魏徵的忠心耿耿、直言劝谏，但是同样的，如果唐太宗没有善于倾听的心，就算是有十个魏徵恐怕都能被他杀掉，更何况是一个魏徵。魏徵直言不讳，说出的话虽然有道理，但没有那么容易被人接受。有一次唐太宗下了朝生气地对皇后说："我迟早要杀了那个乡巴佬！"皇后就问是哪个乡巴佬，太宗说："除了魏徵那个乡巴佬还会有谁？每次上朝他都不给我面子，让我下不来台，好像是在故意跟我作对一样。"谁知皇后听了这话换了身朝服又来面见太宗。太宗不明白她穿这一身衣服是做什么，皇后说："听说只有明君才会有忠臣跟随，魏徵之所以敢直言劝谏，就是因为您是一位明君啊！臣妾身为皇后也觉得荣幸，所以特地换上这身衣服祝贺您有这样一位忠臣。"唐太宗冷静之后，也明白魏徵确实是忠臣，之后也认真听取了魏徵的建议，最终成了一代明君。所以魏徵死后唐太宗还说："夫以铜为镜，可以正衣冠；以史为镜，可以知兴替；以人为镜，可以明得失。魏徵没，朕亡一镜矣！"

古希腊的著名哲学家苏格拉底曾经说过：上天赐人以两耳两目，但只有一口，欲使其多闻多见而少言。不过是寥寥数语，倾听的重要便被生动形象地刻画出来。无论是古代或是现代，人与人之间的交往是件极其复杂而深奥的事情。我们要学会沟通，学会理解，学会合作，等等一系列事情。而能否与他人建立起一种良好的人际关系，倾听则起到了一个重要的桥梁作用。

人有向他人表达的欲望，但我们说的话又不仅仅是一些语言，这就和我们吃东西是一个道理，虽然我们吃东西是为了填饱肚子，但是吃东西不仅仅是满足了我们的口腹之欲，它还会让我们的心灵得到满足。倾听别人说话时也是如此，学会倾听，就是能够将心比心地站在别人的角度上倾听，是在一个人诉说孤立无援的时候，让对方心中得到一些理解和安慰。设身处地地去倾听别人所说，也就是精神上和情感上最大程度的契合。

那么如何学会倾听？想要掌握其真谛，就应该试着将心比心。倾听别人所说，应该是一件令人愉悦的事情，因为这是别人信任我们的一种表现，所以这绝不是一种负担。在接收到别人的信息后，如果我们有相同或是类似的经历都会感同身受，如果没有的话，我们可以学着站在对方的角度，将自己代入角色，然后就能设身处地地理解别人，跟我们倾诉的人同样会在心灵上受到很大的慰藉。

有一个词叫"将心比心"，其实也就是设身处地地思考问题。学会听他人说话时我们就可以用到这个技巧。当我们受到伤害与别人倾诉时，希望得到对方的慰藉，如果对方觉得我们所说并不是什么大事，甚至对我们敷衍了事，我们心中一定会更加难过。古人的圣训"己所不欲，勿施于人"，到今天的"你如何对待世界，世界将如何对待你"，道理都是一样的。无论他们是否有着相同的地域、相同的种族、相同的信仰，甚至相同的教育，他们都希望得到相同的尊重。

有这样一则寓言故事。说是牧人的家里圈养着一头猪、一只绵羊和一头奶牛，它们被关在同一个畜栏里。每次主人来的时候，猪都蜷缩在角落瑟瑟发抖，而绵羊和奶牛对它的反常行为非常不理解，它们问它，它总是说："你们不懂。"直到有一天，牧人来到畜栏，将猪捉了出去。猪一反平时懦弱的形象，展开了剧烈的反抗，大声嚎叫，拼命挣扎，然而它的所有反抗都是徒劳的。对于猪的反应，绵羊和奶牛都摸不着头脑，甚至抱怨猪打扰了它们的休息，于是说："牧人也经常将我们捉了去，我们虽然也不喜欢，但是明知反抗不了，我们也不至于像你这样。"猪回应道："我们根本就是不同啊，你们的毛和乳汁被主人所需要，他捉你们会放回来以便下次使用。但是捉我，分明是要我的命啊。"

由此我们能明白，处于不同的立场和不同环境的人，在听别人诉说的时候，往往很难理解，这个时候想要有良好的倾听效果，最好的办法就是将自己置身于他人的位置上，设身处地之后理解别人所说就会容易许多。综上我们可以知道，学会倾听别人对我们来说是一件多么重要的事情，所以我们每个人都应该学会倾听。

表达秘籍

1. 学会将心比心。这是一门学问同时也是一种伟大的情怀，在社会中，完美地融进一个集体并不是一件简单的事情，将别人的痛苦和悲伤融入自己的情绪，将更能感同身受。

2. 学会理解，用最美好的眼光去看待世人，也用最平和的心去聆听，这是一种气度，一种坦荡和一种豁达。用理解的心去与人相处，善待别人同时也是善待自己。

3. 学会尊重。很多时候，旁人与己有着不可避免的相异之处，三观也不尽相同，这个时候，你的聆听要带着尊重，这是一种大智慧，张爱玲曾说过，因为懂得所以慈悲。

·专注而不是选择性倾听·

我们与他人交流的时候，需要认真倾听别人所说，也希望我们在说的时候别人能同样认真对待。一般来说，别人向我们倾诉往往是因为一些事情，要么是高兴所以和我们分享，要么是难过找我们寻求安慰，甚至只是为了发泄不良情绪，但不管是哪一种，都需要我们认真对待。也就是说想要更好地了解别人，我们必须学会倾听，但仅仅是倾听还远远不够，要学会专注地把话听得全面，只有这样，才能将别人的思想理解得更加透彻，从而知道别人需要的是什么，这在社交中起着至关重要的作用。想要做一个受人欢迎的倾听者，需要我们专注地听而不是敷衍了事。

一位顾客有订购牛奶的习惯，他始终只选择一家的牛奶。有一次他把牛奶倒入玻璃杯中，结果发现牛奶瓶底居然有一个碎玻璃块，顾客很愤怒，提着牛奶瓶子就去找公司的经理。顾客怒气冲冲地进到经理办公室，经理忙起身问："先生您好，请问有什么能帮助您的吗？"顾客说："当然有！看看你们干的好事！"说着就从手提袋中拿出了那个牛奶瓶，放在了经理面前。经理一看那个玻璃块就知道发生了什么，他立刻问道："先生，对不起！这是我们的疏忽，那么这瓶牛奶有人喝了吗？有没有被伤到？如果有人受伤请立即告诉我，我现在就打急救电话。"说着经理就要拿起电话。顾客看经理认错态度诚恳，也确实在关心这件事，火气也消了一半，于是示意经理不用打电话。

但是顾客还是很生气，于是就向经理说了说情况，他说自己是公司的老客户了，之前都没有出过问题的，这一次的情况让他对他们公司产生了不信任，顾客说："我是老顾客，出现这样的问题，是你们的失误，要是换成别的人，说不定就要投诉你们了，而且牛奶我是倒出来喝的，如果是小孩子直接用瓶子喝，还不知道会出什么事。既然出了问题，你们就应该想办法解决……"顾客批评他们公司生产监管方面存在着疏漏，才会发生这样的事情。经理对此表示抱歉，并表示不会再出现这样的情况，然后顾客提出了几点建议和经理两个人商量了，经理对此表示感谢。时间就这样不知不觉地过去了，最后顾客把自己认为该说的都说了，经理送他出门的时候又一次表示：公司一定会加强管理，杜绝此类事情的发生，而且还赔偿了顾客新的牛奶。顾客十分愉快地走了，事情也得到了圆满的解决。这件事可以看出，这位暴躁的顾客只是想得到一种认同和一条发泄的途径，当一个人能够满足他，静下心来认真地听他说话，让他的这种感觉得到了认同，一切困难也就迎刃而解。经理的成功之处便在于，他很认真地倾听了顾客的诉求，而且积极地承认了错误，认错态度良好，从而让顾客得到了认同感与归属感，事情自然就大事化小、小事化了了。

在这个社会中，若想站稳脚跟，首先要学会沟通，这是一门大学问。而学会说话的前提，要先学会听话。并不是简简单单地敷衍了事，如果这样，你只会加速减少别人对你的好感，甚至会得到一些不好的评价，从而致使你不再受人们的欢迎。

很多人可谓精通说话的秘籍，各种学着说话学着表达，可是在掌握了这么多知识之后，又真的得到了一开始所期许的结果了吗？并没有，大家都自信满满，对别人说话不屑一顾，双方坐下来之后自说自话，对别人的表达不多加理睬，每个人都拼命地想让对方接受自己脑袋里面的信号，而全然忽略对方。以自我为重，不懂聆听不懂专注。

这难道真的是一种高质量的社交吗？全然不是！这种不懂得相互尊重的

聆听与表达，是最不受欢迎的一种交往！

我们之所以渴望别人对自己的话耐心而细心地听完，是因为我们的心灵需要多一些的了解与安慰。或者说，对话的彼此对于某一种或者某一类问题在观点上有着些许的不同，而人们更渴望将自己内心的想法进行最大化的推崇，以及被他人接受。

如果想完美地实现以上目的，第一步一定去深入了解对方，对方对某件事物所持的观点，对方的想法立场，这样方便于找到对话的差异所在。如果不愿意去聆听，只顾着将自己的想法强加表达，效果只会适得其反。如果只是截取片面，而没有将对方的意图全部了解，这样的无用功实属徒劳。

许多时候，不懂得与人沟通是社交中最大的弱点，也是很多误会的所在。而在一定程度上，沟通的效果取决于你是否会倾听，是否能真真正正地了解他人的心声。所以，这就是心态的问题，你对于别人的话题并不感兴趣，所以你不愿意听，或者说你不愿意专注地去听。

没错，你当然有不感兴趣的权利。所以，能让对话进行下去，能让你的聆听更加专注，你们可以进行一定的交谈，发言者和聆听者的身份不会是固定的，你们可以相互转换，确保你们的对话中，能让对方畅所欲言，能将自己的想法表达得淋漓尽致，能够感受到对你的倾诉是一种十分愉悦的事情。

在听人讲话时，要学会注视，以便于表达自己的认真以及感兴趣，目光在别处，会让对方觉得你心不在焉，从而丧失倾诉的欲望。眼睛是最好的回应，目光的注视同时也是对谈话内容的一种尊重和接受。这样，倾诉者才能毫无顾忌地将自己心中所想畅所欲言。

学会引申话题，对于对方所讨论的内容加以评价或者是重复，在对方的情感上，会能够感受到自己的观点自己所谈论的东西受到了重视。适当地提出一些问题，这样能够进一步深入话题，同时避免冷场。

同时，学会交谈。在接纳对方的同时，恰当地将自己的观点自己的情感向对方吐露。你的倾诉者在侃侃而谈的时候，当然希望你和他有着同样的想法和情感。所以在专心致志地聆听同时，要学会随声附和，学会带着欣赏的眼光去评论某一问题，给你的倾诉者建立一些自信，让其能够很好地敞开心扉。同时，你也会赢得一个人的好感与信赖。

在他人讲话的时候，一些面部表情，比如赞赏的点头，认可的微笑，还有在姿态上或者手势上等有一些肯定的积极的回应，可以让倾诉者更加有倾诉的欲望。同时，可以将对话在很大程度上进行下去，这也是全神贯注的一种表达，同时也是对对方观点的一些肯定与接纳，能更加让对方身心愉悦。

所以学会做一个合格的倾听者比做一个合格的讲述者更加重要。同时这也是在社交中能否受到欣赏和青睐的一门重要学问。

表达秘籍

1. 学会耐心，这是一种极其重要的品质，对人有耐心不骄不躁。认真地听好每一句话，不要有不耐烦的心理，这样倾诉者才会有讲下去的欲望。

2. 学会细心，细心地聆听，注意说话者言语中的细节，不要敷衍了事一带而过。这同样是一种沉稳的品质。

3. 学会接纳，海纳百川，有容乃大。接纳的同时也就是宽容，并不是所有人的所有话你都爱听，也不是所有观点你都能接受，这个时候要学会接纳，万万不可只收取你能接纳的而排斥和你有相异观点的，全然接纳才能使聆听更加专注。

·成为倾听高手的秘诀·

　　大家都知道倾听要靠耳朵听，但是倾听又不仅仅依靠耳朵，想让自己成为一名优秀的管理者、一个受人欢迎的倾诉者，都需要我们去倾听，因为听别人说话，能让自己认清自己身上存在的缺点，而且还能引发自己的思考。不听别人说话的人，就相当于把一切好的资源都拒之门外，只活在自己的世界中，这样的人是孤独的，他们不懂别人，也没有人懂他们，所以说我们学会倾听别人是一件非常重要的事。但是在我们的学习中，并没有专门上过与"倾听"有关的课程，明明是很重要的东西，是我们走向成功很重要的一个技巧，所以我们只能在生活中、在与人的交往中探索、掌握这一技能。

　　要说听别人说话这件事，几乎所有人都具备这一能力，但是在这些人里面，他们的倾听真的是倾听吗？有多少人说话的时候，对方能认真地听，而不是顾左右而言他，也不是抱着手机，半天说了一句："你刚才说的什么，再说一遍，我没听清。"我们的生活是这样的，我们身边的人，包括自己也是这样，我们的听力变得越来越差。可是只要我们细心一些就会发现，但凡是那些成功人士，他们往往都是善于倾听的人，因为他们听别人说话，所以了解了各种不同的意见，经过认真思考后，实施最合适的方案，就这样一步一步走向成功。我们之所以没有成功，不是因为我们的能力不足，也不是因为我们怀才不遇，只是因为我们找错了方向，没有用对方法，所以即便是再努力也是枉然。

　　我们不愿意认真倾听别人的话，一方面是因为对方所说我们不想听，是我们排斥的话，所以我们拒绝；另一方面我们并没有用心。想想对方和我们说话的时候，我们不甚在意，即便是假装在听，对方也能感觉到，"假装认真"和"真的认真"是有本质差别的，无论何时都是不同的。不随意打断别人说话，就是尊重人的一个常见表现。不停打断别人说话的人，要么太以自我为中心，要么根本没有认真听对方所说，所以才急于打断对方，说自己的事情。换位思考一下，如果是我们在说话的时候，有人不断抢我们的话，不让我们说完，自己心中是什么感受？孔子曾说："己所不欲，勿施于人。"我们自己仅仅是想一下就不能接受，更别说别人亲身经历这种情况了。倾听时最好管住自己的嘴巴，没有找到合适的机会时，不要随意开口，况且我们多听别人说话，并没有什么坏处，我们可以不同意对方的观点，但不一定非要与之争个高下。对方说的话中或许有好有坏，我们只需取其精华，去其糟粕，借鉴优秀的东西，并使其成为自己的东西，不断吸收对我们自身有帮助的，就能让我们变得越来越好。而且倾听时的认真，就是对对方最大程度的尊重。

原本我们在倾听别人说话的时候，是十分认真的，但是因为外界的一些东西，干扰到了我们，于是我们的注意力被分散了一些，如果这些东西还是我们所感兴趣的，那么我们就不会再专心致志地听对方说话了。由于出现干扰因素并不在我们能控制的范围内，所以我们想继续倾听别人说话，就必须有一定的措施，避免这些东西对我们产生影响。这里有一个练习就可以很好地帮助我们，在一间较为安静的房间里，放两台录音机，这两台录音机音量相同，但是播放内容不同，为了集中注意力，我们只听其中一台录音机所播内容，然后尽可能多地去记下这些内容，试着去复述。也许起初的时候我们记忆的内容比较少，但是经过多次的练习，我们就可以最大程度地减轻另一台录音机对我们的干扰作用。之后我们听别人说话的时候就可以集中精力，不容易被外界所干扰了。

想成为优秀的倾听者，倾听时的理解能力也是十分重要的。如果对方和我们说了一个话题，但是我们并不能理解对方的意思，就必然陷入一种迷茫的状态中，而当我们不理解时，就会很容易放弃，然后把精力投入到别的事情上面，这显然是不利于我们与他人交流的。所以如果对方说了我们不理解的东西，我们应该及时地反馈给他这一信息，经过对方的解释，我们真正明白了这个意思，交流才能顺利进行下去。不理解对方的话，事实上还是因为我们的经历不够丰富，知识也不够广泛，所以我们应该有意识地培养自己的这些能力，平时多阅读一些书籍报纸，及时地了解当前的信息，这样在与人交流的时候，才不至于一问三不知。另外平时我们在与朋友交流的时候，也可以有意识地锻炼自己的理解能力。

在多数情况下，我们还需要有一定的记忆力。如果对方和我们说了许多东西，之后还需要我们给出自己的想法或建议时，我们的倾听又要发挥很重要的作用，因为只有认真地听了，才能知道对方需要的是什么，才能在记忆中形成一套方案，之后可以运用方案解决问题。一般而言，我们是无法记住所有的东西的，这时候我们就必须学会抓住关键性的词句，通过记这些东西，把话题串起来，形成一个网络结构，方便我们查阅。俗话说得好："好记性不如烂笔头。"如果记忆力不是很好的人，就可以选择随身携带小笔记本，当对方说话的时候，我们可以在笔记上记上这些东西，也避免了因为遗忘需要对方再重复的尴尬情况。而且我们在记笔记的时候，对方能更深刻地了解到我们是真的在听他说话。公司里上司开会时，总有秘书在一旁做专门的记录，如果领导语速很快，下属就可能反应不过来，所以等领导走后，找秘书询问自己不清楚的地方，秘书也能及时地做出反馈，减轻了上司的负担，也避免了因为不理解做决定，给公司造成损失。

学会倾听朋友说话，我们会拥有许多知心朋友；学会倾听顾客说话，销售人员能更好地了解顾客的需求，给双方都带来愉快的体验；学会倾听领导说话，能让下属不断成长。以上这些方法，都可以让我们成为一个优秀的倾听者，成为一个受人欢迎的人，而且对自己也有很大的帮助，如果人人都愿意倾听别人，我们与人交往过程中就会避免不必要的麻烦，那么生活自然也会越来越好。

表达秘籍

1. 想变优秀其实并不难。不论什么时候都应该记住一句话：方法总比困难多。所以不要担心自己做不到，只要多学、多听、多看，我们就能不断完善自己。当一个人优秀了，身边的人也会跟着变优秀，所以努力让自己成为一个优秀的倾听者吧。

2. 提高自己的"听力"。人的脑子经常不用，就会变得迟钝；耳朵听不进别人说的话，就会变得自我，听力也会逐渐退化。想成为一个受人欢迎的人，就应该学会倾听，做一个优秀的倾听者，在别人说话的时候，认真、专注，就是尊重别人，尊重他人也就是在尊重自己。

·对谈话表达兴趣·

　　两个人在一起交流，如果一方说的话题，另一方根本不感兴趣，那么两个人的谈话必然不能顺利地进行下去。当两方还处于不平等的地位的时候，这种不尊重人的表现，更会造成两方关系的恶化。所以想要做一个合格的倾听者并不是件容易的事。

　　一位汽车推销员试图说服一位顾客购买汽车，他刚开始做推销员，由于他经验不足，所以总是没有客人下单。终于有一次他费了九牛二虎之力才让顾客决定买车了，万事俱备，只等顾客跟着他去办公室里在合约上签上字，这件事情就算是圆满解决了。推销员领着顾客去办公室的路上，顾客向推销员说起了自己的儿子，他说自己的儿子考上了著名的医科大学，等他毕业后就可以进医院当医生了。销售员听完后说了句："是吗？那您儿子真优秀啊。"但是顾客却看到这位销售员眼睛看着别的地方，很显然一副心不在焉的样子，他说话的时候，也相当敷衍。之后顾客又说起来自己儿子小时候就很聪明，还说他在自己班上也很优秀。"那么您儿子高中毕业后有什么计划？"顾客惊讶地看着他说："我刚才和你说过了啊，他马上就读医学院了。""那真是太棒了。"这一次顾客停下了脚步，然后生气地说："我还有事，合约改天再签吧。"说完这句话他就走了，销售员呆愣在原地。原本顾客和销售员说起自己的儿子，说明他为自己的孩子感到骄傲，但销售员一心想着自己终于要做成一笔单子了，所以根本没有认真地倾听顾客说的话，使得原本能签订的合约就这样作废了。当别人向我们说自己感兴趣的事情时，我们应该学会倾听，这不仅表现了我们对对方的尊重，而且也能说明我们十分愿意和对方交流，所以这对我们而言是一件非常重要的事情。当我们对对方说的话不在乎的时候，或者对方感觉到我们对他所说的毫无兴趣，那么这样的交流显然是无用的、不成功的，也是不利于我们的发展的。

美国某一位销售能手，一天照例向一位女顾客推销自己的产品，他竭尽所能地向对方说明该产品的功效、特色，但是女顾客却表现得兴致缺缺。这位销售能手发现这一情况，虽然并不清楚问题出在什么地方，但他当即终止了自己的话题，他觉得自己需要更改一下策略，换一个新的话题。于是他迅速地观察了女主人家，阳台上一盆植物吸引了他的注意，这株植物并不是普通的植物，他曾见朋友家养过，而且与周围的植物相比，能够很显然地看出女主人经常打理它，足以见得对它的珍重。推销员就以这株植物为突破口，他赞美了这株植物，女主人看到有人欣赏也很高兴，就说这株植物是她托了好几个朋友带回来的，还说现在这种品种已经非常少见了。销售员接着说这株植物一定很贵，女主人就和他聊起了植物的价格，又说了植物的生长状况、它名字的由来等等话题。

就这样女主人说着说着就打开了话匣子，销售员也只是认真地听着，在适当的时候提出自己的问题，女主人都能一一作答。最后结束的时候，两个人竟然谈了将近一个小时。销售员要起身告辞的时候，女主人说道："感谢你愿意花这么久的时间听我说话，即便是我的孩子，也不愿意听我唠唠叨叨说这么多，你不但认真地听了，而且还不是不懂装懂，我很开心，东西我买了。"说完她把钱递给了销售员，就这样一笔看似十分棘手的生意，却做成功了。如果这个销售员在知道卖不出商品的时候，就起身告辞或者在女主人说植物的时候兴致缺缺、心不在焉的话，那么这笔单子必然也是完不成的。当我们对对方说的话题感兴趣，就很容易使两个人的心贴得很近，这时候再说别的话题，会容易很多。倾听绝不只是单纯地用耳朵听，也要表示自己对话题的兴趣。

　　"十年树木，百年树人"，教育问题是一个长期的问题，想要把孩子教育好，这件事说难也难，说容易也容易。有的家长虽然给孩子们的物质上有充足的保证，他们以为这样就是对孩子好，但是他们却不肯坐下来认真听听孩子们心中的想法，双方坐下来好好地谈一谈，父母听一听孩子真正需要的，孩子听听父母的想法，他们才能有更好的沟通，心与心才会联系得更亲密。如果有家长愿意坐下来听听孩子们的内心话，这对孩子的成长无疑有很大的帮助，同时有这样父母的孩子，他们也是幸运的。表达爱的方式有很多，物质上的满足、精神上的支持、语言上的表达等等，这些都是很好的办法。当一位父亲愿在孩子向他问问题的时候，能暂时放下手中的工作，对孩子的问题表现出感兴趣，孩子就会觉得：原来被父亲倾听是一件这么幸福的事情，而且是放下工作听他说。这些都是爱的表现，孩子们即便嘴上不说，心里也是清楚的，这会给他们树立积极的心态。反之，如果孩子在说某件事时，家长因为忙着自己的事情，所以对孩子表现出不耐烦，甚至说出不好听的话，就会让孩子感到非常失望，久而久之他们也不愿意再和家人说话了。

　　对方说话的时候，想让对方感受到我们的在意，我们对他所说的话题很感兴趣，也愿意听他说下去，就应该学会表达出这种情绪，这时候我们的情绪应该是开放的，而不是内敛的。当我们饶有兴致地看着对方时，对方就能迅速得到我们的这一信息，也愿意愉快地和我们交流下去。试想一个情境：当我们遇到了一件有趣的事情，然后和自己的同伴说起这件事的时候，他的目光呆滞、阴沉着脸，在我们说完之后也一言不发，我们的心中会是什么感受？即便后来我们知道对方是因为家里出了一点事所以才心情不好的，但是当时的我们不会想那么多，只是觉得自己没有得到应有的尊重，就不愿意再多说了。因此不管面对谁，在别人说话的时候，我们应该认真地听、感兴趣地听，这样才是尊重人的表现。

表达秘籍

1. 用肢体表现。我们有没有在认真倾听对方讲话，其实对方都能感觉得到。只有当我们对一件事感兴趣的时候，我们才会认真地听，一个严肃的表情、一个肯定的眼神对方就会感受到这份认真。

2. 一些有效的词汇。在别人说话的时候，我们表现出对这个话题感兴趣，可以用："是吗？然后呢？""那真是太棒了""原来如此，怪不得……"这样的话，就会很容易让对方知道他们说的话，我们也很感兴趣。

·会听才会说·

在中国有这样一句话叫："说三分，听七分。"无独有偶，西方也有这么一句话："用十秒钟时间讲，用十分钟时间听。"两句话都表达了一个意思：会听别人说远比说给别人听更重要。一个善于倾听别人说话的人，比一个会说话的人更受欢迎。然而这个世界上，喜欢说话的人很多，喜欢听别人说话的人却很少。我们之所以有两只耳朵一张嘴巴，就是为了多听、少说，但是少说不是不说，我们听别人说话也是为了自己说，如果不顾别人，自顾自地说话，对方也不愿意浪费时间听我们说。我们想和对方有良好的交流，就得先听听对方怎么说，这是一个大前提，只有听完别人说的，我们再说才是正确的。说的前提是听，听的目的是说，"听"和"说"这两者是一个辩证统一的关系，两者是不可分割的，我们不能只听不说，更不能只说不听。

清朝时乾隆有两位股肱之臣，一个是和珅，另一个就是纪晓岚，两人分别担任尚书和侍郎之职，虽然传言中两人关系一直不和，但其实两人更像是忘年之交。一次两人在一起的时候，和珅看到了一条狗，他故意指着那条狗问纪晓岚："是狼，是狗？"这句话就有明显的调侃之意了，如果纪晓岚没有听明白和珅的话中话，恐怕就会有错误的回答了。但是纪晓岚也非常聪明，识破了和珅的圈套，于是恭恭敬敬地回答道："回大人，看尾巴就能分辨，尾巴下垂的是狼，上竖是狗。"这下和珅可是哑巴吃黄连——有苦说不出了。听明白对方话中的真实含义，才能有正确的回复。这体现了我们认真听对方说话，有的时候还能用我们的智慧保护自己免受伤害。我们在倾听别人说话的时候，先不要急着表明自己的看法，因为对方的话可能没有说完，而一旦我们以为对方说完了，就急于给出结论，这显然是不正确的，而且还会让对方觉得我们是故意的，是因为我们不想听他说话所以才没让他把话说完，这会让双方都造成误会。所以为了避免出现不愉快或是误解，我们应该先听别人说，然后再表达自己的观点。

还有一种十分普遍的现象：两个人在交流，其中一个人说了一件事，另一个人在听，但是说到某一点的时候，另一个人有话要说，就打断他说："你说的这个问题……"一次两次是这样，三次四次还是这样，每次都不让他把话说完就开始发表自己的意见，就会让人觉得对方是不给自己面子，还不尊重自己。在倾听对方说某件事的时候，不要打断对方，这样既是对对方的不尊重，也没能准确地把握对方的感受。不能给予支持或理解，这样的倾听毫无疑问是失败的，在这种情况下，说出的话自然也没办法被人认同。先学会听，再表达看法，我们在交往的过程中才能避免出现这些问题。

当一个人向另外一个人诉说自己的不幸或者苦难的时候，如果对方没有给予他足够的关爱和鼓励，甚至都不在意对方说了什么，只想着自己，全然不顾他人的感受，没有人喜欢这样的听众。一个人如果只顾着自己说，不在意他人的感受，那么他不会是一个受人欢迎的人，更不会成为一个成功的人。

美国有一档节目收视率一直很高，这里面有很大一部分原因就是因为该节目的主持人克莱特。他与其他的主持人有很大不同，观众们都十分喜欢他。有一次做采访的时候，克莱特随机挑选了一个小朋友，问他将来想做什么。小朋友当时的回答是自己要开飞机。克莱特接着问他："假如你的飞机在天空中飞的时候，突然出现了故障，由于燃料用尽，所有的引擎都不能用了，你会做什么？"小孩想了一会儿说："首先告诉我的乘客们，让他们系好安全带；之后我就背上降落伞跳下飞机。"当时许多观众听到这个回答都在台下窃窃私语地说，这小孩也太自私了，飞机上的人都不管了，只顾自己逃命，甚至有的观众说这个小孩父母没有教好他。按大人的想法，小孩应该和他们同甘共苦或者想办法一起渡过，但是这样的想法要求孩子未免有些过分，毕竟他的思想还不够成熟。克莱特并没有因为小孩的回答而像其他观众那样想，他发现孩子的眼中竟然充满了泪水，霎时就泪流满面，看到孩子如此悲伤，他觉得事情不是想象中那么简单，于是他又问道："为什么？"孩子哭着说："因为我要去拿燃料，我要救他们！"原本对孩子颇有微词的人，此刻却都哑口无言了。大人们只听孩子说一般的话，就对孩子下结论，他们甚至想当然地觉得孩子就是怕死而已，却根本没有想到，孩子只是单纯地想要回去救人。克莱特就没有轻易地下结论。很多时候，事情的出现都不会是突然发生的，往往有一定的原因，不听对方把话说完，只凭自己的经验就评判是非对错，给出自己的意见，这样评价的方法显然是不正确的。学会正确地倾听，才能与人顺利地沟通，进而让双方都能得到发展。

表达秘籍

1. 先听再说。别人向我们诉说某件事，人家话还没说完，我们就急着下结论，这样不仅不能帮人排忧解难，而且还会给人一种不愉悦的感觉。在对方没有把话说完的时候，不要急着下结论，更不能就某一问题给出自己的想法，否则会产生不必要的误会。所以我们在倾听别人的时候，一定要先把事情弄明白，再帮助对方把事情顺清楚，最后给出解决方案。

2. 学会体谅他人。对方向我们陈述某件事情的时候，可能只是需要我们做一个听众，他把事情说完心情就会好；可能是需要我们给他出出主意，毕竟当局者迷；具体什么情况要自己多加揣摩。但不管是哪种情况，对方向我们诉说的时候，就代表着信任我们，我们都应该体谅别人的不幸，而不是觉得对方把芝麻大点事当成糟糕至极的事。唯有理解他人，才能更好地给予关心，才是有效的倾听。

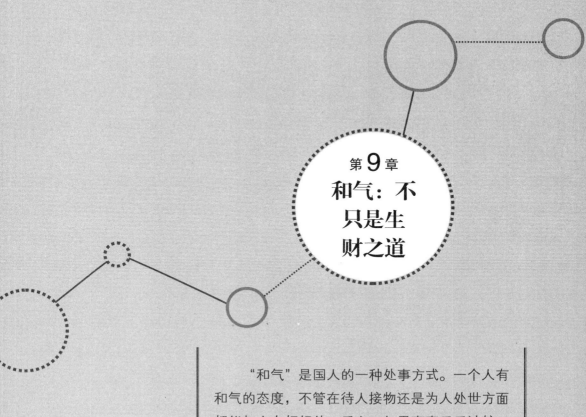

第9章

和气：不只是生财之道

"和气"是国人的一种处事方式。一个人有和气的态度，不管在待人接物还是为人处世方面都能与人友好相处。反之，如果事事斤斤计较，不懂得宽容待人，是不会有任何作为的，这类人的人生也必定布满荆棘。

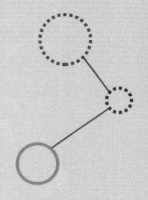

·不揭人短处，是基本素养·

"尺有所短，寸有所长。"每个人都有长处，也有短处，我们应该以辩证的眼光看待自己和他人。有的短处比如后天的东西，我们可以通过自身的努力克服它；而有的是先天的东西，我们几乎不可能改变它，那么这种东西就会伴随我们一生。据说龙的咽喉下端的位置有一块"逆鳞"，是龙身上极其敏感的一个部位，所以如果有人碰到，那么不管他是有意还是无意的，都会被龙杀掉。同样的，每个人身上也有"逆鳞"，是任何人都不能碰触的。这个"逆鳞"也就是我们所说的"痛处"，可能指身体的某个缺陷，也可能是曾经一件不光彩的事情，所以才不愿意被人知道，更不愿意被别人拿来当谈资。话语的力量是无穷的，它有时可以像刀子一样，划在人的心口上，但是这给人造成的伤害则是持久的。正如英国作家托马斯·富勒的一句名言所说："失足引起的伤痛很快就可以恢复，然而，失言所致的严重后果，却可能使你终生遗憾。"

朱元璋虽然当上了明太祖，但是他的出身是无法改变的，在他成为皇帝之后，以前和他在一起共事的朋友、穷亲戚都纷纷来投靠他，希望借助他这棵大树乘凉。朱元璋好面子，就怕见到昔日的旧人会被他们揭了老底，所以听到那些投奔他的人求见，他几乎都不愿意见。有一位从小和朱元璋一起玩的朋友，历经千辛万苦终于到了皇宫，他见到了朱元璋，就说起了他小时候的一切糗事，嗓门之大，朱元璋身边的大臣都听得一清二楚，朱元璋当即愤怒不已，这位朋友居然当着这么多人的面说起那些往事，真的是太不给自己面子了，自己怎么说也是当朝皇帝，皇家的脸面都被他丢尽了，朱元璋一气之下就把那个人给杀了。

　　每个人都可能因为曾经的不懂事而犯过错，这些事情虽然已经成为过去，但是这已经成为个人身上抹不掉的东西，我们也可以把它称作短处。这种短处是不愿意被别人知道的，如果一个人肯把自己的秘密告诉我们，说明他对我们非常信任，那么即便对方没有说明，我们也应该知道这件事情是不能告诉别人的，换句话说就是别人告诉我们的秘密，到我们这里为止就好，不应该再让其他人知道，更不能把这件事当成茶余饭后的谈资，告诉其他人。这不但辜负了对方对我们的信任，而且我们的这一行为还是一种非常没有素质的表现。拿别人的秘密来嘲笑的人，就等于把别人已经结痂的伤口再撕扯开来，暴露给所有人看，而泄露秘密的人，自己也终将会受到同样的对待。古人说："来说是非者，便是是非人"就是这个道理。

　　知道人的短处，并不意味着我们可以拿此当作什么筹码，除非我们想被孤立，否则不要揭人短处，这不是明智的行为，更是为人所不齿的行为。如果想与他人有良好的人际关系，在说话的时候一定要分清场合和地点，不能想说什么就说什么。当我们无意中知晓了上司一些不为人知的事情时，就装作不知道这件事，决不能拿这件事和周围的人说："我跟你说一个秘密，你千万不能告诉别人。"当对方满口答应的时候，我们就以为自己安全了，于是和对方分享了这个秘密，然后这个人又会告诉其他的人。所以说秘密这东西，一旦你告诉了第一个人，很快就会有第二个、第三个人知道，最后秘密就会变成公开的事情，把事情闹得公司人尽皆知的时候，上司会找的人还是我们，因为如果不是我们说出这件事，别人是不可能知道的。因为自己的痛处被人发现，所以上司在公司面前颜面扫地，为了挽回自己的尊严，他们一定会"杀鸡儆猴"。所以不管是有意还是无意地知道了别人的痛处，都不能把这件事扩散给其他人，除非我们不想在公司待下去了，否则的话，就不要到处宣扬。这不仅是我们为人处世的基本素养，而且也是我们想好好生存下去的重要一点。

别人的过去，我们没有参与，所以不能作评价，即便他做错了事情，我们也不能因此看不起别人，更不能把别人不愿为人所知的事摊开在阳光下。也许有的人觉得这是在帮助别人指出错误，但是想帮助人改正错误不是这样做的，而且当我们触到对方的"逆鳞"时，对方会非常难堪，心理素质差一点的，可能会想不开；脾气暴躁的，可能会破口大骂。而且我们的这一行为，也会让其他的人对我们有坏印象。如果一个人修养不够，当别人惹怒他的时候，他就暴跳如雷，指着别人的脸说一些难听的话，或者说别人的痛处，会让身边的人感到寒心。所以为了避免这种麻烦，大家都不和这种人有过多交流，而一个被人孤立的人，是不可能通过单打独斗赢得成功的。

现代社会讲究合作共赢。"独木不成林""人多力量大""众人拾柴火焰高"等，都说明了我们要与人合作，如果一个人总是踩身边人的痛脚，越是大家不愿意提起的事，他就越是要闹得人尽皆知，这样的人是可悲的，因为他会被人所排斥，所有人无论做什么事，都不会带上他，毕竟他就像是一个随时会爆炸的炸弹一样，我们不知道什么时候自己就会被他炸得粉身碎骨。

想要学会说话，可不是一件容易的事情，想通过自己说的话，被别人喜欢相对前者来说，则会显得更加困难。但其实这也不是无计可施的，我们在与人交谈的时候，注意把握一定的原则，不揭别人的痛处，然后在对话过程中不断地完善自我，久而久之我们一定能成为受人欢迎的人。反过来说怎么样才能避免不小心踩到他人的"雷区"呢？首先我们应该对自己要交谈的对象有一定的了解，否则说话的时候就是"步步惊心"了。所以想要避免"踩雷"，我们必须对他人有一定的了解。其次说话的时候，如果发现对方有什么缺点，我们不一定非要指出来。我们应该善于发现对方的优点，而不是拿着放大镜去看对方的缺点，有时候对方的缺点正是他不愿意提起的苦衷，我们直接指出来，就是伤害了对方。此外谈话时，一定要给对方留面子，不要让他觉得下不来台，否则对方可能会以同样的方式对待我们。

表达秘籍

1.发现对方缺点，不一定要指出。我们"以和为贵"，"和"不仅体现在我们为人处世的方方面面，而且也体现在不苛求别人没有缺点上面，人非圣贤孰能无过，既然已经错了，就不要再拿此大做文章了。

2.如果揭人短了要立即道歉。不管我们是有心的还是无意的，揭人短处总是一件不好的事情，会给别人带来伤害，所以如果触犯了别人的"逆鳞"，就尽快与人道歉，否则情节较轻的会影响双方的关系，严重的甚至会导致关系破裂。说话前多思考，就能避免犯错，如果犯了错，那就及时地向对方道歉，争取谅解。

·说对不起就能解决问题·

生活中时常看到这样的事情：公交车上因为急刹车，后面的人踩到了前面的人，前面的人扭头骂了一句，后面的人也不甘示弱大声嚷嚷了起来，接着就无可避免地出现了一场口水战；上班高峰期，红绿灯口大家都在停车等待，有一位司机不耐烦地按了按喇叭，结果惊扰了旁边的电动车主，电动车主说司机没素质，司机怒不可遏地说："关你什么事。"于是乎这一块地方就被围观了……还有许多这样的情况，我们一向说要大事化小，但这些事情却恰好相反，是把小事变成了大事，最后不但让自己和对方都丢了面子，而且谁也不会有什么好处，还给周围的人留下了坏印象。原本就不是什么大事，而且更多的情况下，这些人只会见一次面，也就是说，这些人与我们是"往日无怨、近日无仇"的，那么我们为什么非要把双方都搞得这么狼狈？想解决上述问题，其实很简单，只需要真诚地和对方说一句对不起就好了，当一方说出道歉的话之后，另一方面往往也会以宽容的心态原谅别人，既让对方不至于下不来台，也让自己收获了好人缘，这样两全其美的事情，为什么不去做？

如果对方不小心出了错，而且在已经向我们道歉的情况下，我们就没有必要揪着对方的错不放，这会让对方心里产生不愉快，而且这不愉快是我们带给他的，所以他就会把矛头指向我们，很容易说："我又不是故意的，而且我已经道过歉了，你还想怎么样？"我们觉得他说话态度不好，便反驳道："你做错了事情还很有理吗？"然后就陷入一场争辩之中。反之，当对方说的是："对不起，我不是故意的。"我们回："没关系。"仅仅是这样简单的几个字，就能化解矛盾，所以何必把事情闹大，让双方都没了面子，还同时破坏了好心情。正如著名心理学家阿尔伯特·艾利斯所创立的理性情绪行为疗法中所说的，因为发生了某一诱发事件，所以引起了人们的情绪变化，即对这一事件的看法、解释和评价，以上这些的综合，人们会做出一个判断，进而产生相应的行为反应。并不是事件本身让人有了某种行为，而是人对事件的看法导致不同，所以才导致了不同的行为，这就可以很好地解释为什么同样的事情，有的人不会受到影响，而有的人则一直耿耿于怀。当我们把一件负面事件看得很严重的时候，我们就会觉得事情已经变得这么糟糕了，于是我们的心情也会跟着糟糕；而当我们觉得这是一种挑战的时候，我们就会做好准备、迎接挑战。所以如果发生了不好的事情，我们也没有必要把所有事都放在心上，这样只会让自己心里不痛快，而我们自身的这种不良情绪又容易带给身边的人，这件事就会像病毒一样从我们这里传染给别人、不断地扩散下去。这既不利于我们与他人的交往，又给自己带来极大伤害，所以说让事件影响我们，其实是很不明智的。

出了问题不可怕，可怕的是没有用正确的方法去解决它，这会让问题不断地变严重，最后愈演愈烈，就像人们常说的"意气用事"。尤其是年轻人都是行动派，别人说的什么话让自己不开心了，就和别人争辩，争着争着就骂起来了，最后打起来了，这都是经常出的事情，但这些事情是完全可以避免的。小矛盾可能引起冲突，冲突又导致暴力，就是人们常说的为了一点小事大打出手，而且武力是最不可取的解决方法，无论何时都是下策。像前面的例子，不小心踩到了别人，真诚地说一句"对不起"，对方也不好意思再说难听话了，毕竟第一我们不是故意这么做的，第二这事是因为急刹车导致的惯性，既然已经道歉，被踩了一下也不是什么大事，友好地说一声"没关系"，这件事就可以过去了。司机心情焦躁按了喇叭，电动车主受了惊，说话难免带有一些情绪，这时候司机及时道个歉，说自己以后会注意，不会再这样做就好了。

学会勇敢地向别人说出对不起。因为我们做错了事，所以我们有责任向对方道歉，这是做人的基本素养，而且也能表现出我们的真诚。有的人认为道歉是一种丢人的行为，所以他们明知道自己做错了事，还是不愿意道歉，这就给受伤的一方造成了二次伤害，而且也觉得自己没有受到足够的尊重，人际关系就会变得紧张。道歉的话应该及时地说，有的人对道歉觉得难以启齿，说不出口，于是就拖着一直没说，可是拖下去的结果还是要说，而由于拖延再说出口的道歉的话，就会让对方觉得是在搪塞他，越早道歉，我们要承担的损失就会越小，拖拖拉拉有可能会激化矛盾，让事情变得更糟糕。

如果需要向身边的朋友、同事或是亲人道歉又觉得难以开口的话，可以尝试写信来表达自己的歉意，当我们把自己的道歉写下来交给对方的时候，能让他更清楚地感受到我们的真挚，因为我们觉得做错了事必须道歉，所以我们才会这么重视这件事，信中的一字一句都是我们最诚挚的话语，对方接到这封充满分量的信，相信看完后都会原谅我们的。

如果我们道歉了，对方还是在说怎么办？那就忍一下，因为我们让他们受到了伤害，所以他们心中郁结，就必须发泄出来，所以他们说的话也不过是消灭那些不愉快，等他们发泄完了，也就没事了。最好不要还口，因为本来我们就没有理，再多说只会让对方的心情更糟糕，我们的反驳无异于是在给人火上浇油，到时候烧到的人是对方也是我们了。所以静静听着对方发泄，一般情况下，他把心中的不快吐露出来之后就雨过天晴了。这种方法尤其适用于好朋友之间闹了矛盾，如果我们还想挽回这段友谊，就请真诚地和对方道歉，并且认真听他抱怨。

另外，我们和对方说了"对不起"，不一定会得到对方的"没关系"，这和对方的选择有关，我们无法控制别人的选择，但是至少我们可以做自己的选择，我们大大方方地向对方承认自己的错误，向对方道歉，不需要刻意贬低自己，这就够了，不管怎么说，我们至少问心无愧了。如果我们再三道歉对方还是无法释怀的话，那就只能再想其他办法了。

表达秘籍

1. 学会道歉。人犯了错没关系，只要及时承认错误，向受害方道歉就还是值得信任的人。不能做错了事情还推卸责任，觉得自己没错，都是别人的错，这样不但无法解决矛盾，还容易引发出新的问题。

2. 说好"对不起"就能雨过天晴。向别人道歉的时候，千万不能说："我已经跟你道过歉了，你还想怎么样？又不是我一个人的错。"这样的道歉是不正确的，因为这不但无法解决当下的问题，还会激发新的矛盾。所以道歉的话好好说，就可以有事半功倍的效果。

·退一步海阔天空·

对别人心胸宽广，也是一种"和"，这种胸襟能让我们在人际交往中立于不败之地。法国作家雨果说："世界上最宽阔的是海洋，比海洋更宽阔的是天空，比天空更宽阔的是人的胸怀"；有一副写弥勒佛的对联也有这个意思：大肚能容容天下难容之事，笑口常笑笑世间可笑之人。可见人只有具备豁达的气度，才可以像海洋那样包容万物，才能笑看世间百态。古往今来，但凡是成大事的人，无一不是拥有巨大的力量支持的，而他们之所以有这么多的拥戴者就是因为他们有着宽广的胸襟，正是这样的人格魅力，他们总是会吸引到各种各样的人才心甘情愿地为其付出。宽容不仅是人的一种良好心理品质，更是一种闪闪发光的人格魅力，它总是会在某些时候帮助我们解决一些问题，让我们免去一些麻烦。

孔子是一个非常有学问的人，他的学生有很多，学生们也经常会问他一些问题。一次子贡问孔子："有什么是人可以终身奉行的原则？"孔子说："大概就是'恕'了吧。"这里"恕"就是宽恕、宽容的意思，而且这一点也和我们崇尚的"和"有异曲同工之妙。没有"恕"就可能会引发战争、产生矛盾，更不可能会有"和"，那时不但是我们的人际关系问题，就是连我们的生存都会遭到威胁。人们都愿意和心地善良、胸怀宽广的人做朋友，没有人愿意和斤斤计较、小肚鸡肠的人交往，因为这些人往往都是自私自利，只顾自己的人。拥有宽容之心，不仅能让我们的人际更加和谐，而且对我们自身的发展，甚至是国家的前途命运都有很大帮助。"忍一时风平浪静，退一步海阔天空""宰相肚里能撑船"都是对宽容的最真实写照。

十九世纪，匈牙利出了一名钢琴家、指挥家，他的名字叫弗朗茨·李斯特，他九岁的时候便举办了第一场个人钢琴独奏会，后来他的才华被不断开发，小小年纪便已经有了不小的知名度。在德国的某一个小城市中，有一位姑娘要开一场音乐会，她声称自己是李斯特的学生。巧的是李斯特刚好看到了这一消息，于是在音乐会的前一天找到了这位姑娘，姑娘发现自己作假的事情被李斯特知晓了，她非常害怕，哭着向李斯特说自己的悲惨身世，自己之所以这么做也是迫不得已。但是不管怎么说自己都是做错了事，欺骗了观众，而且还拿李斯特的名字做文章，所以姑娘以为李斯特忽然出现一定非常生气，她害怕李斯特会对自己发火。为了让李斯特原谅自己犯的错，她跪下向他认错，希望能得到他的原谅。李斯特听了姑娘所说表示理解，伸手扶起了姑娘，然后说看看能做些什么亡羊补牢。姑娘看李斯特不但没有生她的气，而且还这么和蔼地说话，顿时激动得不知道说什么好。李斯特让姑娘把第二天要弹的曲子弹一遍，在她弹奏的时候李斯特给予了一些指点，曲子弹完后，李斯特还鼓励姑娘："你现在就是我的学生，所以大胆去弹吧，同时为了向观众证明，你可以告诉主持人让他在最后加一个节目，我为我的学生，也就是你弹奏一曲。"姑娘由衷地被李斯特的宽容所感动，音乐会快结束的时候，全场观众都沸腾了起来，气氛达到了高潮，因为他们发现这最后一曲居然是李斯特本人在演奏！

如果李斯特看到一个不知名的人拿自己名字当招牌，吸引别的观众，他不分青红皂白地对姑娘一顿痛骂，那么音乐会必然不能如期举行，观众们如果知道姑娘是骗他们的，他们一定觉得自己被人玩弄在股掌之中，就会因此更加痛恨那位姑娘。而且李斯特这么做，对自己没有任何好处。所以如果别人做了什么让自己生气的事，先不要急着生气，把事情的前因后果弄清楚，就会发现很多时候都是情有可原的，没有必要大动肝火，即便真的是别人故意做了错事，我们也不需要拿别人的错误来惩罚自己，用我们的包容之心理解他人、宽恕他人，更能体现我们的风度，对方也会无地自容，往往不会再做这样愚蠢的事情。

林肯是美国的总统，但是在他当上总统之前曾发生过这样一件事。由于林肯相貌不佳，而且他的父亲是一位鞋匠，所以有许多人都瞧不起他。林肯在参议院演说的时候，有一位议员就讽刺他："林肯先生，在你演说前我必须提醒你：别忘了自己是鞋匠的儿子。"面对这样的嘲讽，林肯并未生气，只是说道："我感谢你的提醒，虽然我父亲已经过世，但是你的忠告我会牢记，毕竟我做总统不会像父亲做鞋匠那样好。"参议院里忽然鸦雀无声，只能听着林肯说话，之后林肯扭头向那位议员说道："如果我没记错的话，你们家的鞋子也是我父亲做的，假如鞋子不合脚，可以拿过来我帮你改一改，虽然我没有父亲那样高超的技术，但是至少我从小就跟着他学做鞋子。"说完这些林肯接着说："如果在座的人曾穿过我父亲做的鞋子，需要修改的都可以拿过来，我会尽力帮你们修好。但是我敢说，没有谁的技术能胜过我的父亲。"参议院爆发了阵阵掌声，原本嘲笑的人都羞愧地低下了头，林肯的宽容大度让他们觉得无地自容。

但是有人并不赞同林肯的这一方法，他们觉得既然是政敌，就应该想办法打压他们、消灭他们，怎么他还想把那些人当成朋友呢？有人就问了林肯这个问题，林肯则说："当把他们变成朋友的时候，这不就是变成消灭了他们？"将敌人变成朋友，这种气度、这种度量，并不是所有人都能做到，林肯当选了总统，是众望所归，他更是两次当选美国总统。林肯纪念馆的墙壁上刻着这样的话："对任何人不怀恶意；对一切宽大仁爱。"就是对林肯本人的最大肯定。

表达秘籍

1. 对别人宽容就是对自己宽容。宽容是一种美德，也是一种融合剂，当我们在与他人发生不愉快的时候，宽容对待别人就能把大事化小、小事化了。其实原本很多不愉快的事情都可以不用发生，但是没有人愿意让步，事情的发展就变得越来越糟糕，最后也不过是落得两败俱伤的地步，谁也不是赢家，所以对别人多一些宽容吧，这会让我们的人际关系变得和谐。

2. 对别人多一分理解。如果一个人对一点小事都无法释怀，别人做了一些或是说了什么让他不高兴的话，他就因此记恨别人，眼里容不下别人，这样心胸狭窄的人是不会有好人缘的，没有别的人愿意帮助这个人的话，这个人也是不可能成功的。对别人多一些理解，就是多一些包容之心，心胸宽广的人往往待人和气，"投我以木瓜，报之以琼琚"便是这个道理。

·不要"仗理欺人"·

有的人发现别人说错话，做错了事，就自以为可以狠狠地羞辱别人，因为自己有理，就有资格咄咄逼人，殊不知这样的行为在别人眼中会让人更加反感，甚至比那些做错事的人更为讨厌。别人犯了错，本来心中就已经非常难受了，倘若我们再不给对方面子，自以为有理所以"仗理欺人"，有可能引起对方的反弹情绪，这会使得原本他准备认错的心理发生转变，开始为自己的行为辩解，到最后事情也不会有圆满的解决。所以有理还要让人三分，这是一种大智慧，是一种美好的品德，是我们每个人都应该拥有的。

我国著名的书法家于右任先生在20世纪50年代的时候迁居到了台湾。台湾的一些商家知道了这位书法家的名气后，就把主意打到了他的身上。这些商人为了自己的生意，就把一些题字挂在自家门口，并向顾客声称这是于右任先生亲笔所提。有不少商人都这么做了，但是于右任先生可没有给这么多家店题字，所以这些字只有很少一部分是于右任先生的亲笔，剩下的全都为冒牌的。有一次于右任先生正在练书法，他的一个学生来找他，怒气冲冲地说："老师您不知道，我刚才去一家饭店吃饭，他们饭店的招牌明明是有人仿冒您提的。这些无良商家实在是太可恶了，就这样肆无忌惮地用这一套骗术糊弄顾客，还是拿您的名字做文章，实在是太可恶了！"于右任先生放下了手中的笔，问自己的学生："那么你觉得招牌上的字写得如何？"学生生气地说："也不知道是谁写的，那个字实在是太难看了。"于右任又问道："字写得很难看？这怎么可以！要是让别人看到这些难看的字，认为那是我写的，一定会在背后笑话我的。你说的那个饭馆是卖什么的？店名是什么？"

学生说："是一家面馆，主要卖羊肉泡馍，味道倒还是不错的，店名就叫'羊肉泡馍馆'。"学生说完于右任就铺开了一张大宣纸，迅速在上面写上了几个大字，正是那个店的名字，并且落款是"于右任题"，盖上印章后，于右任让学生把这张纸送到那个饭店。饭店老板接到真迹的时候激动万分，连忙招呼人把这幅真的挂上，之前的假的被扔掉了。店老板向学生表达了自己的抱歉，说自己不该这样做，而且对于于右任的这一行为表达万分感谢。之后老板时常和顾客们说起这件事，就这样于右任的名气变得更大了。

本来是店老板在于右任不知情的情况下，侵犯了其权利，是他做了错事，于右任先生完全可以去店里指责那个老板，那个老板很可能因此失去别人的信任，甚至再也无法开饭馆了。但是于右任不但没有这么做，反而写了一幅真迹送给店家，挽回了自己的名誉，而且也让店家认识了自己的错误，并心甘情愿地改正这个错误，就是这么简单的方法，让问题得到了解决。至于赢得了更大的名气，则是在人意料之外，但是这件事确实圆满地解决了。

当我们有理的时候，也应该对别人礼让三分，表面上看起来我们是吃亏了，然而事实并非如此，我们非但没有吃亏，还会赢得对方的信任。有礼让三分，是一种气度，是一种处事态度，当我们礼让别人的时候，就可以在无形中化解潜在的矛盾，而且可以让双方有更深的了解，说不定我们和别人是"不打不相识"，还会因此收获友谊，这对我们与他人建立良好的人际关系有着不可估量的作用。"负荆请罪"的故事我们都知道，蔺相如不愿意和廉颇有矛盾，对于廉颇的再三挑衅，他都让着，虽然蔺相如并未做错事，换成别人面对廉颇一再地为难，可能早就火冒三丈了，但是蔺相如并没有，最终廉颇明白了蔺相如的一番苦心，亲自登门请求蔺相如的原谅，蔺相如也不用再三忍让了。如果蔺相如像廉颇一样不肯后退，强强对抗的最终结果就是让他人坐收渔翁之利，这对国家来说是百害而无一利的，蔺相如正是因为清楚这一点，所以才一再忍让，他的这种品格也受到了人们的深切敬佩。

"有理不在声高"，现实生活也是如此，往往是那些没有理的人才试图通过气势战胜别人；那些有理的人往往是平和、宽容待人的。如果不是什么原则问题，就没必要把所有事都挂在嘴边，觉得自己受了委屈，明明自己才是有道理的一方，但是还要让着对方，觉得心中不平，难免感情用事，就会说出一些不好的话，最后非要和对方辩出个胜负来，就算最后真的赢了，也只会给别人心中留下糟糕的印象。等以后我们需要别人帮忙的时候，就没有人愿意向我们伸出援助之手了。

越是有理的一方，越应该以更宽广的胸怀接受别人，人生在世不可能事事顺心，我们和别人交往中总会出现各种摩擦，我们没必要以一个强硬的态度对待别人，"过强则易折"，总是处于上风也不见得是一件好事，一旦摔下来的时候，就会跌得很惨。只要我们愿意以一颗宽容、大度的心去接纳别人，我们和和气气地对待对方，对方必定会感受到我们的真诚友好，也会愿意和我们交朋友，我们就会和他人有和谐的相处，也不会有什么解决不了的困难了。

我们的牙齿有时候还会不小心咬到舌头，更别说我们在和别人交往的过程中会出现各种摩擦了。有的时候不过是一件很小的事最后却演变到一发不可收拾的地步，所谓的"千里之堤，溃于蚁穴""星星之火，可以燎原"等名言都说明了这个道理。如果和他人发生了不愉快，我们要做的应该是想办法化解，而不是扩大矛盾，另外既然事情已经发生，当务之急要做的应该是想办法解决问题，而不是追究责任。而且如果我们因为自己有理，便不尊重别人，这显然会让我们的人际关系变得非常紧张，不但会伤害别人，而且还不利于自身的发展，所以说学会"有礼让三分"对我们而言是很重要的事，每个人都应该学会。

表达秘籍

1. 尊重他人。尊重他人这一点无论何时都没有错，当别人出现不正确的时候，我们要做的绝不是落井下石，而是给予他足够的尊重，让他自己认识到错误，这比被迫承认错误来得更容易些，而且对方也会更愿意去改正。

2. 学会就事论事。有的人一遇到事情就容易意气用事，而意气用事的结果就是会把别人之前做的错事都拿出来说。没有人不犯错，犯了错改正就好，原本这件事我们占了理，但是因为一味地指责别人，甚至揭人伤疤，使得对方恼羞成怒，对我们恶语相加甚至是有暴力行为，那么到最后两个人都会受到很大伤害。所以说有不好的事发生，我们应该心平气和地和对方说清楚，多为对方考虑一些，就完全可以"化干戈为玉帛"，还能增进我们的人际关系。

·不争，不代表我们错了·

人们常说："害人之心不可有，防人之心不可无。"这就告诉了我们不能对别人动坏心思，但是同时也应该学会保护自己，才能减轻受伤害的可能。同样的道理，我们对别人的宽容也是有限度的，虽然我们崇尚"以和为贵"，也一直在这么做，但是这并不意味着我们对别人是无原则、无底线地包容的，因为在有的人眼中我们这种行为不是宽容，而是"懦弱""好欺负"。别人做了一些让我们生气的事，我们一般不会计较，因为没有必要，所以我们宽容他们，坚持只要我们对他们好，时间长了对方也能感受到的想法，然而有的人却并不是这样做的，所以他们一再地挑战我们的底线，对待这种人，我们该"刚"的时候就应该"刚"，这样对方才不会一直欺负我们。

大概所有刚入职的人，都觉得自己受到了不公平的对待，由于初来乍到，所以很多事情并不了解，也不像老员工一样那么有经验。对知识的了解仅仅限于理论上，所以需要不断地实践和锻炼，只有经过磨炼后才能为公司创造财富，同时实现自己的人生价值，这一点本是无可厚非的，但是有些情况下我们也必须学会保护自己。

中国的传统美德就有"忍"这一说，换一个说法就是"宽容"，那么究竟什么时候需要宽容，什么时候又该选择"刚"呢？其实很好分辨。比如说老板给员工带了点东西，让大家分了，但是人多东西少，这时候老员工说新员工没有这些东西，所以到最后我们什么都没有，这并不是什么大不了的事，甚至没有人会在意我们到底是怎么想的。对我们而言这些东西是可有可无的，所以我们不计较那么多。但是如果公司要评选优秀员工，由于名额有限，老员工们都想方设法参加，照例说新员工不在这个行列，但其实公司并未有这个规定，新员工不见得就做得最差。在这种情况下，我们就不应该听别人的话，退出竞选，因为我们的退出只会让领导觉得是因为我们没有能力，成绩做不好所以才这样做的，这个时候我们不能忍让，而且如果这一次把机会让给别人，别人只会觉得我们好说话，以后的福利活动他们会让我们把机会让给他们。所以不是很重要的，对自身没有影响或者影响比较小的事情，我们可以不计较，都可以忍，但是当别人试图侵犯我们的权利的时候，我们应该学会保护自己，不能一直忍着不说。

还有一些新人，刚到工作的地方，为了给大家留个好印象，所以有什么事都早早地做好。平时办公室中打扫卫生、端茶倒水、打印资料甚至是收发快递他全包了，早上是来得最早的，晚上是回家最晚的，最初大家对于这样的人会很欣赏，纷纷表扬他做得好。但是时间一长，大家都习惯了，如果哪天这个人没有做这些事，就会有人说他变得懒惰了。而且由于待人和气，有的同事今天让他帮忙取个快递，明天要约会就把没做完的工作丢给他，最后公司人员内部评选的时候，这个人却成了最后一名，这其中原因何在？就是因为别人交代的事情，他来者不拒，全盘接收，所以大家都把自己犯的错归结在这个人身上，大家心照不宣，最后这个人就被惩罚了。还有一种人，同样是新人，但是与上一种人并不相同，他们做事有自己的原则，是自己的事情认认真真地完成，不是自己的事情，如果对方确实忙不过来，自己也会伸出援助之手，只是帮助别人的情况较少。所以最后评比的时候，没有人敢把自己做的错事推到他身上。两者相比我们可以看出：在别人需要帮助的时候，我们应该尽量地去帮助别人，但这不意味着我们必须牺牲自己的工作去帮助别人工作，到最后不但没有人帮助自己，甚至当我们的利益和别人的利益出现冲突时，对方会为了维护自己的利益毫不犹豫地伤害我们。想与他人建立良好的人际关系没有错，错的是不该一味接受对方的不合理要求。过于忍让别人，在别人眼中就是"软弱、无能"的表现。为了避免这种情况的出现，我们忍让别人的时候也应该坚持一定的原则，为人处世的时候，不可只"柔"，该"刚"的时候就得"刚"，只有刚柔并济，我们才能更好地保护自己。

"祸从口出"这句话绝不是空穴来风，很多时候我们得罪了别人，就是因为没有注意自己的说话内容，伤害了别人还不自知，最后别人不愿意和我们继续交流下去，可是我们还不知道问题出在哪里。其实换位思考一下就能理解对方的心情，想一想我们和一个人交谈，对方触及了我们不愿意提到的事情，我们本着宽容的品德不愿与人争辩，所以没有多说什么，但是对方却一直在说这个话题，人的忍耐都是有限度的，当我们忍无可忍的时候，就是我们离开的时候，而且还会因为这件事对这个人有负面的印象，有可能以后都不愿意见到这个人了。所以如果在交流的过程中发现对方脸色已经不悦，即便不清楚问题出在哪里也应该及时地转换话题，否则就会使我们的人际交流变得不顺利了。

小孩子犯了错，许多家长都觉得没有什么大不了，于是简单地说了几句，就没有再管了，或者一直用宽容的心试图感化孩子，让他自己发现错误，但是到最后这些结果却往往是不尽如人意的。这里面的原因就在于家长把宽容当成了纵容，孩子的心智、思想往往处在发展阶段，所以他们对很多东西了解都不够深刻，家长本是好心希望孩子能改正错误，殊不知孩子只靠自己并不能做到，更有甚者，就认识不到自己的错误，所以犯的错越来越大，以至于最后造成无法挽回的过错，到那时候家长无论怎么劝说都太迟了。所以一定要分清宽容和纵容，别把对孩子的爱成为一种伤害自己、伤害别人的武器。

人们选择善良，选择宽容待人，在别人出了错明明可以直接批评的时候，却没有这样做，而是试着用爱心和胸怀让对方明白。很多时候我们不争辩，但是不争不是说我们错了，而是我们不愿意争，但不是所有人都明白这个道理，所以他们才会以为做什么事情，我们都选择原谅他们，但事实并非如此。一味地宽容别人，只会让对方更加无法无天，觉得没有人能约束他。"没有规矩不成方圆"，任何人生活在这个世界上都要受到条条框框的制约，也正是因为有了这些东西，我们的社会才可以这么和谐、人与人的相处才这么友好。

表达秘籍

1. 做人要有底线。每个人都应该有自己的底线，或许人的底线有高有低，但不管高还是低，底线都要有，有底线的人才会约束自己：知道什么是自己该说的、该做的，也能保护自己不被他人伤害。

2. 要学会刚柔并济。如果对方触犯了我们的底线，我们应该学会用刚柔并济的方法让对方知难而退，这种方法的好处是既让对方感受到了我们的威严，又向他人展现了我们的友好，以免对方心中不愉快。"进可攻、退可守"说的就是这种方法，古往今来人们都在使用这个方法。